Colección de guías de conversación
"¡Todo irá bien!"

T&P Books Publishing

# GUÍA DE CONVERSACIÓN
# — ALEMÁN —

## LAS PALABRAS Y LAS FRASES MÁS ÚTILES

Esta Guía de Conversación contiene las frases y las preguntas más comunes necesitadas para una comunicación básica con extranjeros

Andrey Taranov

T&P BOOKS

Guía de conversación + diccionario de 1500 palabras

# Guía de conversación Español-Alemán y diccionario conciso de 1500 palabras

por Andrey Taranov

La colección de guías de conversación para viajar "Todo irá bien" publicada por T&P Books está diseñada para personas que viajan al extranjero para turismo y negocios. Las guías contienen lo más importante - los elementos esenciales para una comunicación básica. Éste es un conjunto de frases imprescindibles para "sobrevivir" mientras está en el extranjero.

Una otra sección del libro también ofrece un pequeño diccionario con más de 1.500 palabras útiles. El diccionario incluye muchos términos gastronómicos y será de gran ayuda para pedir los alimentos en un restaurante o comprando comestibles en la tienda.

T&P Books Publishing
www.tpbooks.com

ISBN: 978-1-78492-636-6

Este libro está disponible en formato electrónico o de E-Book también.
Visite www.tpbooks.com o las librerías electrónicas más destacadas en la Red.

# PREFACIO

La colección de guías de conversación para viajar "Todo irá bien" publicada por
T&P Books está diseñada para personas que viajan al extranjero para turismo y
negocios. Las guías contienen lo más importante - los elementos esenciales para
una comunicación básica.Éste es un conjunto de frases imprescindibles para
"sobrevivir" mientras está en el extranjero.

Esta guía de conversación le ayudará en la mayoría de los casos donde usted
necesite pedir algo, conseguir direcciones, saber cuánto cuesta algo, etc. Puede
también resolver situaciones difíciles de la comunicación donde los gestos no
pueden ayudar.

Este libro contiene muchas frases que han sido agrupadas según los temas más
relevantes. Una sección separada del libro también ofrece un pequeño diccionario
con más de 1.500 palabras importantes y útiles.

Llévese la guía de conversación "Todo irá bien" en el camino y tendrá una
insustituible compañera de viaje que le ayudará a salir de cualquier situación y le
enseñará a no temer hablar con extranjeros.

# TABLA DE CONTENIDOS

T&P Books Publishing

# PRONUNCIACIÓN

## Las vocales

| | | |
|---|---|---|
| [a] | Blatt | radio |
| [ɐ] | Meister | altura |
| [e] | Melodie | verano |
| [ɛ] | Herbst | mes |
| [ə] | Leuchte | llave |
| | | |
| [ɔ] | Knopf | costa |
| [o] | Operette | bordado |
| [œ] | Förster | alemán - Hölle |
| [ø] | nötig | alemán - Hölle |
| [æ] | Los Angeles | vencer |
| | | |
| [i] | Spiel | ilegal |
| [ɪ] | Absicht | abismo |
| [ʊ] | Skulptur | pulpo |
| [u] | Student | mundo |
| [y] | Pyramide | pluma |
| [ʏ] | Eukalyptus | pluma |

## Las consonantes

| | | |
|---|---|---|
| [b] | Bibel | en barco |
| [d] | Dorf | desierto |
| [f] | Elefant | golf |
| [ʒ] | Ingenieur | adyacente |
| [dʒ] | Jeans | jazz |
| [j] | Interview | asiento |
| [g] | August | jugada |
| [h] | Haare | registro |
| [ç] | glücklich | mujer |
| [x] | Kochtopf | reloj |
| [k] | Kaiser | charco |
| [l] | Verlag | lira |

| T&P alfabeto fonético | Ejemplo alemán | Ejemplo español |
|---|---|---|
| [m] | Messer | nombre |
| [n] | Norden | número |
| [ŋ] | Onkel | manga |
| [p] | Gespräch | precio |
| [r] | Force majeure | era, alfombra |
| [ʁ] | Kirche | R francesa (gutural) |
| [ʀ] | fragen | [r] vibrante |
| [s] | Fenster | salva |
| [t] | Foto | torre |
| [ts] | Gesetz | tsunami |
| [ʃ] | Anschlag | shopping |
| [tʃ] | Deutsche | mapache |
| [w] | Sweater | acuerdo |
| [v] | Antwort | travieso |
| [z] | langsam | desde |

## Los diptongos

| [aɪ] | Speicher | bayoneta |
|---|---|---|
| [ɪa] | Miniatur | araña |
| [ɪo] | Radio | yogur |
| [jo] | Illustration | yogur |
| [ɔɪ] | feucht | boina |
| [ɪe] | Karriere | miércoles |

## Símbolos adicionales

| ['] | ['aːbɐ] | acento primario |
|---|---|---|
| [ˌ] | ['dɛŋkˌmaːl] | acento secundario |
| [ʔ] | [o'liːvənˌʔøːl] | oclusiva glotal sorda |
| [ː] | ['myːlə] | vocal larga |
| [·] | ['ʀaɪzə·byˌʀoː] | punto medio |

# LISTA DE ABREVIATURAS

## Abreviatura en español

| | | |
|---|---|---|
| adj | - | adjetivo |
| adv | - | adverbio |
| anim. | - | animado |
| conj | - | conjunción |
| etc. | - | etcétera |
| f | - | sustantivo femenino |
| f pl | - | femenino plural |
| fam. | - | uso familiar |
| fem. | - | femenino |
| form. | - | uso formal |
| inanim. | - | inanimado |
| innum. | - | innumerable |
| m | - | sustantivo masculino |
| m pl | - | masculino plural |
| m, f | - | masculino, femenino |
| masc. | - | masculino |
| mat | - | matemáticas |
| mil. | - | militar |
| num. | - | numerable |
| p.ej. | - | por ejemplo |
| pl | - | plural |
| pron | - | pronombre |
| sg | - | singular |
| v aux | - | verbo auxiliar |
| vi | - | verbo intransitivo |
| vi, vt | - | verbo intransitivo, verbo transitivo |
| vr | - | verbo reflexivo |
| vt | - | verbo transitivo |

## Abreviatura en alemán

| | | |
|---|---|---|
| f | - | sustantivo femenino |
| f pl | - | femenino plural |
| f, n | - | femenino, neutro |
| m | - | sustantivo masculino |
| m pl | - | masculino plural |

| | | |
|---|---|---|
| m, f | - | masculino, femenino |
| m, n | - | masculino, neutro |
| n | - | neutro |
| n pl | - | género neutro plural |
| pl | - | plural |
| v mod | - | verbo modal |
| vi | - | verbo intransitivo |
| vi, vt | - | verbo intransitivo, verbo transitivo |
| vt | - | verbo transitivo |

# T&P BOOKS

# GUÍA DE CONVERSACIÓN ALEMÁN

Esta sección contiene frases
importantes que pueden
resultar útiles en varias
situaciones de la vida real.
La Guía le ayudará a pedir
direcciones, aclaración
sobre precio, comprar billetes,
y pedir alimentos en un
restaurante

## T&P Books Publishing

# CONTENIDO DE LA GUÍA DE CONVERSACIÓN

T&P Books Publishing

| | |
|---|---|
| Perdone, … | **Entschuldigen Sie bitte, …**<br>[ɛntˈʃʊldɪɡən ziː ˈbɪtə, …] |
| Hola. | **Hallo.**<br>[haˈloː] |
| Gracias. | **Danke.**<br>[ˈdaŋkə] |

| | |
|---|---|
| Sí. | **Ja.**<br>[jaː] |
| No. | **Nein.**<br>[naɪn] |
| No lo sé. | **Ich weiß nicht.**<br>[ɪç vaɪs nɪçt] |
| ¿Dónde? \| ¿A dónde? \| ¿Cuándo? | **Wo? \| Wohin? \| Wann?**<br>[voː? \| voˈhɪn? \| van?] |

| | |
|---|---|
| Necesito … | **Ich brauche …**<br>[ɪç ˈbʀaʊχə …] |
| Quiero … | **Ich möchte …**<br>[ɪç ˈmœçtə …] |
| ¿Tiene …? | **Haben Sie …?**<br>[ˈhaːbən ziː …?] |
| ¿Hay … por aquí? | **Gibt es hier …?**<br>[giːpt ɛs hiːə …?] |
| ¿Puedo …? | **Kann ich …?**<br>[kan ɪç …?] |
| …, por favor? (petición educada) | **Bitte**<br>[ˈbɪtə] |

| | |
|---|---|
| Busco … | **Ich suche …**<br>[ɪç ˈzuːχə …] |
| el servicio | **Toilette**<br>[toaˈlɛtə] |
| un cajero automático | **Geldautomat**<br>[ˈɡɛltʔautoˌmaːt] |
| una farmacia | **Apotheke**<br>[apoˈteːkə] |
| el hospital | **Krankenhaus**<br>[ˈkʀaŋkənˌhaʊs] |

| | |
|---|---|
| la comisaría | **Polizeistation**<br>[poliˈtsaɪ·ʃtaˌtsjoːn] |
| el metro | **U-Bahn**<br>[ˈuːbaːn] |

| | |
|---|---|
| un taxi | **Taxi**<br>['taksi] |
| la estación de tren | **Bahnhof**<br>['baːnˌhoːf] |

| | |
|---|---|
| Me llamo … | **Ich heiße …**<br>[ɪç 'haɪsə …] |
| ¿Cómo se llama? | **Wie heißen Sie?**<br>[viː 'haɪsən ziː?] |
| ¿Puede ayudarme, por favor? | **Helfen Sie mir bitte.**<br>['hɛlfən ziː miːɐ 'bɪtə] |
| Tengo un problema. | **Ich habe ein Problem.**<br>[ɪç 'haːbə aɪn pʀo'bleːm] |
| Me encuentro mal. | **Mir ist schlecht.**<br>[miːɐ ɪs ʃlɛçt] |
| ¡Llame a una ambulancia! | **Rufen Sie einen Krankenwagen!**<br>['ʀuːfən ziː 'aɪnən 'kʀaŋkənˌvaːgən!] |
| ¿Puedo llamar, por favor? | **Darf ich telefonieren?**<br>[daʁf ɪç telefo'niːʀən?] |

| | |
|---|---|
| Lo siento. | **Entschuldigung.**<br>[ɛnt'ʃʊldɪgʊŋ] |
| De nada. | **Keine Ursache.**<br>['kaɪnə 'uːɐˌzaxə] |

| | |
|---|---|
| Yo | **ich**<br>[ɪç] |
| tú | **du**<br>[duː] |
| él | **er**<br>[eːɐ] |
| ella | **sie**<br>[ziː] |
| ellos | **sie**<br>[ziː] |
| ellas | **sie**<br>[ziː] |
| nosotros /nosotras/ | **wir**<br>[viːɐ] |
| ustedes, vosotros | **ihr**<br>[iːɐ] |
| usted | **Sie**<br>[ziː] |

| | |
|---|---|
| ENTRADA | **EINGANG**<br>['aɪnˌgaŋ] |
| SALIDA | **AUSGANG**<br>['aʊsˌgaŋ] |
| FUERA DE SERVICIO | **AUßER BETRIEB**<br>[ˌaʊsə bə'tʀiːp] |
| CERRADO | **GESCHLOSSEN**<br>[gə'ʃlɔsən] |

| | |
|---|---|
| ABIERTO | **OFFEN** |
| | ['ɔfən] |
| PARA SEÑORAS | **FÜR DAMEN** |
| | [fy:ɐ 'damən] |
| PARA CABALLEROS | **FÜR HERREN** |
| | [fy:ɐ 'hɛʀən] |

## Preguntas

| | |
|---|---|
| ¿Dónde? | **Wo?**<br>[vo:?] |
| ¿A dónde? | **Wohin?**<br>[vo'hɪn?] |
| ¿De dónde? | **Woher?**<br>[vo'heːɐ?] |
| ¿Por qué? | **Warum?**<br>[va'ʀʊm?] |
| ¿Con que razón? | **Wozu?**<br>[vo'tsu:?] |
| ¿Cuándo? | **Wann?**<br>[van?] |

| | |
|---|---|
| ¿Cuánto tiempo? | **Wie lange?**<br>[viː 'laŋə?] |
| ¿A qué hora? | **Um wie viel Uhr?**<br>[ʊm viː fiːl uːɐ?] |
| ¿Cuánto? | **Wie viel?**<br>[viː fiːl?] |
| ¿Tiene ...? | **Haben Sie ...?**<br>['haːbən ziː ...?] |
| ¿Dónde está ...? | **Wo befindet sich ...?**<br>[vo: bə'fɪndət zɪç ...?] |

| | |
|---|---|
| ¿Qué hora es? | **Wie spät ist es?**<br>[viː ʃpɛːt ist ɛs?] |
| ¿Puedo llamar, por favor? | **Darf ich telefonieren?**<br>[daʀf ɪç telefo'niːʀən?] |
| ¿Quién es? | **Wer ist da?**<br>[veːɐ ist da:?] |
| ¿Se puede fumar aquí? | **Darf ich hier rauchen?**<br>[daʀf ɪç hiːɐ 'ʀauxən?] |
| ¿Puedo ...? | **Darf ich ...?**<br>[daʀf ɪç ...?] |

# Necesidades

| | |
|---|---|
| Quisiera … | **Ich hätte gerne …**<br>[ɪç 'hɛtə 'gɛʁnə …] |
| No quiero … | **Ich will nicht …**<br>[ɪç vɪl nɪçt …] |
| Tengo sed. | **Ich habe Durst.**<br>[ɪç 'ha:bə duʁst] |
| Tengo sueño. | **Ich möchte schlafen.**<br>[ɪç 'mœçtə 'ʃla:fən] |

| | |
|---|---|
| Quiero … | **Ich möchte …**<br>[ɪç 'mœçtə …] |
| lavarme | **abwaschen**<br>[ap'vaʃən] |
| cepillarme los dientes | **meine Zähne putzen**<br>['maɪnə 'tsɛ:nə 'pʊtsən] |
| descansar un momento | **eine Weile ausruhen**<br>['aɪnə 'vaɪlə 'aʊsˌʁu:ən] |
| cambiarme de ropa | **meine Kleidung wechseln**<br>['maɪnə 'klaɪdʊŋ 'vɛksəln] |

| | |
|---|---|
| volver al hotel | **zurück ins Hotel gehen**<br>[tsu'ʁʏk ɪns ho'tɛl 'ge:ən] |
| comprar … | **… kaufen**<br>[… 'kaʊfən] |
| ir a … | **… gehen**<br>[… 'ge:ən] |
| visitar … | **… besuchen**<br>[… bə'zuχən] |
| quedar con … | **… treffen**<br>[… 'tʁɛfən] |
| hacer una llamada | **einen Anruf tätigen**<br>['aɪnən 'anˌʁu:f 'tɛ:tɪgən] |

| | |
|---|---|
| Estoy cansado /cansada/. | **Ich bin müde.**<br>[ɪç bɪn 'my:də] |
| Estamos cansados /cansadas/. | **Wir sind müde.**<br>[vi:ɐ zɪnt 'my:də] |
| Tengo frío. | **Mir ist kalt.**<br>[mi:ɐ ɪs kalt] |
| Tengo calor. | **Mir ist heiß.**<br>[mi:ɐ ɪs haɪs] |
| Estoy bien. | **Mir passt es.**<br>[mi:ɐ past ɛs] |

| | |
|---|---|
| Tengo que hacer una llamada. | **Ich muss telefonieren.**<br>[ɪç mʊs telefoˈniːʀən] |
| Necesito ir al servicio. | **Ich muss auf die Toilette.**<br>[ɪç mʊs ˈaʊf di toaˈlɛtə] |
| Me tengo que ir. | **Ich muss gehen.**<br>[ɪç mʊs ˈgeːən] |
| Me tengo que ir ahora. | **Ich muss jetzt gehen.**<br>[ɪç mʊs jɛtst ˈgeːən] |

## Preguntar por direcciones

| | |
|---|---|
| Perdone, ... | **Entschuldigen Sie bitte, ...**<br>[ɛnt'ʃʊldɪgən zi: 'bɪtə, ...] |
| ¿Dónde está ...? | **Wo befindet sich ...?**<br>[vo: bə'fɪndət zɪç ...?] |
| ¿Por dónde está ...? | **Welcher Weg ist ...?**<br>['vɛlçɐ ve:k ist ...?] |
| ¿Puede ayudarme, por favor? | **Könnten Sie mir bitte helfen?**<br>['kœntən zi: mi:ɐ 'bɪtə 'hɛlfən?] |

| | |
|---|---|
| Busco ... | **Ich suche ...**<br>[ɪç 'zu:χə ...] |
| Busco la salida. | **Ich suche den Ausgang.**<br>[ɪç 'zu:χə den 'aʊsˌgaŋ] |
| Voy a ... | **Ich fahre nach ...**<br>[ɪç 'fa:ʀə na:χ ...] |
| ¿Voy bien por aquí para ...? | **Gehe ich richtig nach ...?**<br>['ge:ə ɪç 'ʀɪçtɪç na:χ ...?] |

| | |
|---|---|
| ¿Está lejos? | **Ist es weit?**<br>[ist ɛs vaɪt?] |
| ¿Puedo llegar a pie? | **Kann ich dort zu Fuß hingehen?**<br>[kan ɪç dɔʁt tsu fu:s 'hɪnˌge:ən?] |
| ¿Puede mostrarme en el mapa? | **Können Sie es mir auf der Karte zeigen?**<br>['kœnən zi: ɛs mi:ɐ aʊf de:ɐ 'kaʁtə 'tsaɪgən?] |
| Por favor muestreme dónde estamos. | **Zeigen Sie mir wo wir gerade sind.**<br>['tsaɪgən zi: mi:ɐ vo: vi:ɐ gə'ʀa:də zɪnt] |

| | |
|---|---|
| Aquí | **Hier**<br>['hi:ɐ] |
| Allí | **Dort**<br>[dɔʁt] |
| Por aquí | **Hierher**<br>['hi:ɐ'he:ɐ] |

| | |
|---|---|
| Gire a la derecha. | **Biegen Sie rechts ab.**<br>['bi:gən zi: ʀɛçts ap] |
| Gire a la izquierda. | **Biegen Sie links ab.**<br>['bi:gən zi: lɪŋks ap] |
| la primera (segunda, tercera) calle | **erste (zweite, dritte) Abzweigung**<br>['ɛʁstə ('tsvaɪtə, 'dʀɪtə) 'apˌtsvaɪgʊŋ] |
| a la derecha | **nach rechts**<br>[na:χ ʀɛçts] |

a la izquierda

**nach links**
[naːχ lɪŋks]

Siga recto.

**Laufen Sie geradeaus.**
['laʊfən ziː gəʁaːdə'ʔaʊs]

# Carteles

| ¡BIENVENIDO! | **HERZLICH WILLKOMMEN!**<br>['hɛʁtslɪç vɪl'kɔmən!] |
|---|---|
| ENTRADA | **EINGANG**<br>['aɪnˌɡaŋ] |
| SALIDA | **AUSGANG**<br>['aʊsˌɡaŋ] |

| EMPUJAR | **DRÜCKEN**<br>['dʀʏkən] |
|---|---|
| TIRAR | **ZIEHEN**<br>['tsiːən] |
| ABIERTO | **OFFEN**<br>['ɔfən] |
| CERRADO | **GESCHLOSSEN**<br>[ɡə'ʃlɔsən] |

| PARA SEÑORAS | **FÜR DAMEN**<br>[fyːɐ 'damən] |
|---|---|
| PARA CABALLEROS | **FÜR HERREN**<br>[fyːɐ 'hɛʀən] |
| CABALLEROS | **HERREN-WC**<br>['hɛʀən-veˈtseː] |
| SEÑORAS | **DAMEN-WC**<br>['daːmən-veˈtseː] |

| REBAJAS | **RABATT \| REDUZIERT**<br>[ʀa'bat \| ʀedu'tsiːɐt] |
|---|---|
| VENTA | **AUSVERKAUF**<br>['aʊsfɛɐˌkaʊf] |
| GRATIS | **GRATIS**<br>['ɡʀaːtɪs] |
| ¡NUEVO! | **NEU!**<br>[nɔɪ!] |
| ATENCIÓN | **ACHTUNG!**<br>['aχtʊŋ!] |

| COMPLETO | **KEINE ZIMMER FREI**<br>['kaɪnə 'tsɪmɐ fʀaɪ] |
|---|---|
| RESERVADO | **RESERVIERT**<br>[ʀezɛʁ'viːɐt] |
| ADMINISTRACIÓN | **VERWALTUNG**<br>[fɛɐ'valtʊŋ] |
| SÓLO PERSONAL AUTORIZADO | **NUR FÜR PERSONAL**<br>[nuːɐ fyːɐ pɛʁzo'naːl] |

CUIDADO CON EL PERRO

**BISSIGER HUND**
['bɪsɪgɐ hʊnt]

NO FUMAR

**RAUCHEN VERBOTEN**
['ʀaʊχən fɛɐ'boːtən]

NO TOCAR

**NICHT ANFASSEN!**
[nɪçt 'anfasən!]

PELIGROSO

**GEFÄHRLICH**
[gə'fɛːelɪç]

PELIGRO

**GEFAHR**
[gə'faːɐ]

ALTA TENSIÓN

**HOCHSPANNUNG**
['hoːχˌʃpanʊŋ]

PROHIBIDO BAÑARSE

**BADEN VERBOTEN**
['baːdən fɛɐ'boːtən]

FUERA DE SERVICIO

**AUßER BETRIEB**
[ˌaʊsɐ bə'tʀiːp]

INFLAMABLE

**LEICHTENTZÜNDLICH**
['laɪçt?ɛn'tsʏntlɪç]

PROHIBIDO

**VERBOTEN**
[fɛɐ'boːtən]

PROHIBIDO EL PASO

**DURCHGANG VERBOTEN**
['dʊʀçˌgaŋ fɛɐ'boːtən]

RECIÉN PINTADO

**FRISCH GESTRICHEN**
[fʀɪʃ gə'ʃtʀɪçən]

CERRADO POR RENOVACIÓN

**WEGEN RENOVIERUNG**
**GESCHLOSSEN**
['veːgən ʀenoˈviːʀʊŋ
gə'ʃlɔsən]

EN OBRAS

**ACHTUNG BAUARBEITEN**
['aχtʊŋ 'baʊ?aʀˌbaɪtən]

DESVÍO

**UMLEITUNG**
['ʊmˌlaɪtʊŋ]

## Transporte. Frases generales

| | |
|---|---|
| el avión | **Flugzeug** ['fluːkˌtsɔɪk] |
| el tren | **Zug** [tsuːk] |
| el bus | **Bus** [bʊs] |
| el ferry | **Fähre** ['fɛːʀə] |
| el taxi | **Taxi** ['taksi] |
| el coche | **Auto** ['aʊto] |

| | |
|---|---|
| el horario | **Zeitplan** ['tsaɪtˌplaːn] |
| ¿Dónde puedo ver el horario? | **Wo kann ich den Zeitplan sehen?** [voː kan ɪç den 'tsaɪtˌplaːn 'zeːən?] |
| días laborables | **Arbeitstage** ['aʀbaɪtsˌtaːgə] |
| fines de semana | **Wochenenden** ['vɔχənˌʔɛndən] |
| días festivos | **Ferien** ['feːʀɪən] |

| | |
|---|---|
| SALIDA | **ABFLUG** ['apfluːk] |
| LLEGADA | **ANKUNFT** ['ankʊnft] |
| RETRASADO | **VERSPÄTET** [fɛɐ'ʃpɛːtət] |
| CANCELADO | **GESTRICHEN** [gə'ʃtʀɪçən] |

| | |
|---|---|
| siguiente (tren, etc.) | **nächster** ['nɛːçstə] |
| primero | **erster** ['eːɐstə] |
| último | **letzter** ['lɛtstə] |

| | |
|---|---|
| ¿Cuándo pasa el siguiente ...? | **Wann kommt der nächste ...?** [van kɔmt deːɐ 'nɛːçstə ...?] |
| ¿Cuándo pasa el primer ...? | **Wann kommt der erste ...?** [van kɔmt deːɐ 'eːɐstə ...?] |

¿Cuándo pasa el último …?

**Wann kommt der letzte …?**
[van kɔmt deːɐ 'lɛtstə …?]

el trasbordo (cambio de trenes, etc.)

**Transfer**
[tʀans'feːɐ]

hacer un trasbordo

**einen Transfer machen**
['aɪnən tʀans'feːɐ 'maχən]

¿Tengo que hacer un trasbordo?

**Muss ich einen Transfer machen?**
[mʊs ɪç 'aɪnən tʀans'feːɐ 'maχən?]

# Comprar billetes

| | |
|---|---|
| ¿Dónde puedo comprar un billete? | **Wo kann ich Fahrkarten kaufen?**<br>[vo: kan ɪç 'fa:ɐ̯ˌkaʁtən 'kaʊfən?] |
| el billete | **Fahrkarte**<br>['fa:ɐ̯ˌkaʁtə] |
| comprar un billete | **Eine Fahrkarte kaufen**<br>[aɪnə 'fa:ɐ̯ˌkaʁtə 'kaʊfən] |
| precio del billete | **Fahrpreis**<br>['fa:ɐ̯ˌpʁaɪs] |

| | |
|---|---|
| ¿Para dónde? | **Wohin?**<br>[vo'hɪn?] |
| ¿A qué estación? | **Welche Station?**<br>['vɛlçə ʃta'tsjo:n?] |
| Necesito … | **Ich brauche …**<br>[ɪç 'bʁaʊχə …] |
| un billete | **eine Fahrkarte**<br>['aɪnə 'fa:ɐ̯ˌkaʁtə] |
| dos billetes | **zwei Fahrkarten**<br>['tsvaɪ 'fa:ɐ̯ˌkaʁtən] |
| tres billetes | **drei Fahrkarten**<br>[dʁaɪ 'fa:ɐ̯ˌkaʁtən] |

| | |
|---|---|
| sólo ida | **in eine Richtung**<br>[ɪn 'aɪnə 'ʁɪçtʊŋ] |
| ida y vuelta | **hin und zurück**<br>[hɪn ʊnt tsu'ʁʏk] |
| en primera (primera clase) | **erste Klasse**<br>['ɛʁstə 'klasə] |
| en segunda (segunda clase) | **zweite Klasse**<br>['tsvaɪtə 'klasə] |

| | |
|---|---|
| hoy | **heute**<br>['hɔɪtə] |
| mañana | **morgen**<br>['mɔʁgən] |
| pasado mañana | **übermorgen**<br>['y:bɐˌmɔʁgən] |
| por la mañana | **am Vormittag**<br>[am 'fo:ɐmɪta:k] |
| por la tarde | **am Nachmittag**<br>[am 'na:χmɪˌta:k] |
| por la noche | **am Abend**<br>[am 'a:bənt] |

asiento de pasillo

**Gangplatz**
['gaŋ‚plats]

asiento de ventanilla

**Fensterplatz**
['fɛnstɐ‚plats]

¿Cuánto cuesta?

**Wie viel?**
[vi: fi:l?]

¿Puedo pagar con tarjeta?

**Kann ich mit Karte zahlen?**
[kan ɪç mɪt 'kaʁtə 'tsa:lən?]

## Autobús

| | |
|---|---|
| el autobús | **Bus**<br>[bʊs] |
| el autobús interurbano | **Fernbus**<br>['fɛʀnbʊs] |
| la parada de autobús | **Bushaltestelle**<br>['bʊshaltəʃtɛlə] |
| ¿Dónde está la parada<br>de autobuses más cercana? | **Wo ist die nächste Bushaltestelle?**<br>[vo: ist di 'nɛ:çstə 'bʊshaltəʃtɛlə?] |

| | |
|---|---|
| número | **Nummer**<br>['nʊmə] |
| ¿Qué autobús tengo que tomar para ...? | **Welchen Bus nehme ich um<br>nach ... zu kommen?**<br>['vɛlçən bʊs 'ne:mə ɪç ʊm<br>na:χ ... tsu 'kɔmən?] |
| ¿Este autobús va a ...? | **Fährt dieser Bus nach ...?**<br>[fɛ:ɐt 'di:zə bʊs na:χ ...?] |
| ¿Cada cuanto pasa el autobús? | **Wie oft fahren die Busse?**<br>[vi: ɔft 'fa:ʀən di 'bʊsə?] |

| | |
|---|---|
| cada 15 minutos | **alle fünfzehn Minuten**<br>[alə 'fʏnftse:n mi'nu:tən] |
| cada media hora | **jede halbe Stunde**<br>['je:də 'halbə 'ʃtʊndə] |
| cada hora | **jede Stunde**<br>['je:də 'ʃtʊndə] |
| varias veces al día | **mehrmals täglich**<br>['me:ɐma:ls 'tɛ:klɪç] |
| ... veces al día | **... Mal am Tag**<br>[... mal am ta:k] |

| | |
|---|---|
| el horario | **Zeitplan**<br>['tsaɪtˌpla:n] |
| ¿Dónde puedo ver el horario? | **Wo kann ich den Zeitplan sehen?**<br>[vo: kan ɪç den 'tsaɪtˌpla:n 'ze:ən?] |
| ¿Cuándo pasa el siguiente autobús? | **Wann kommt der nächste Bus?**<br>[van kɔmt de:ɐ 'nɛ:çstə bʊs?] |
| ¿Cuándo pasa el primer autobús? | **Wann kommt der erste Bus?**<br>[van kɔmt de:ɐ 'ɛʀstə bʊs?] |
| ¿Cuándo pasa el último autobús? | **Wann kommt der letzte Bus?**<br>[van kɔmt de:ɐ 'lɛtstə bʊs?] |
| la parada | **Halt**<br>[halt] |

la siguiente parada

**nächster Halt**
['nɛ:çstə halt]

la última parada

**letzter Halt**
['lɛtstə halt]

Pare aquí, por favor.

**Halten Sie hier bitte an.**
['haltən zi: hi:ɐ 'bɪtə an]

Perdone, esta es mi parada.

**Entschuldigen Sie mich,
dies ist meine Haltestelle.**
[ɛnt'ʃʊldɪgən zi: mɪç,
di:s ist maɪnə 'haltəʃtɛlə]

# Tren

| el tren | **Zug**<br>[tsu:k] |
| el tren de cercanías | **S-Bahn**<br>['ɛs‚ba:n] |
| el tren de larga distancia | **Fernzug**<br>['fɛʁn‚tsu:k] |
| la estación de tren | **Bahnhof**<br>['ba:n‚ho:f] |
| Perdone, ¿dónde está<br>la salida al anden? | **Entschuldigen Sie bitte,<br>wo ist der Ausgang zum Bahngleis?**<br>[ɛnt'ʃʊldɪgən zi: 'bɪtə,<br>vo: ist de:ɐ 'aʊsgaŋ tsʊm 'ba:n‚glaɪs?] |

| ¿Este tren va a ...? | **Fährt dieser Zug nach ...?**<br>[fɛ:ɐt 'di:zɐ tsu:k na:χ ...?] |
| el siguiente tren | **nächster Zug**<br>['nɛ:çstɐ tsu:k] |
| ¿Cuándo pasa el siguiente tren? | **Wann kommt der nächste Zug?**<br>[van kɔmt de:ɐ 'nɛ:çstə tsu:k?] |
| ¿Dónde puedo ver el horario? | **Wo kann ich den Zeitplan sehen?**<br>[vo: kan ɪç den 'tsaɪt‚pla:n 'ze:ən?] |
| ¿De qué andén? | **Von welchem Bahngleis?**<br>[fɔn 'vɛlχəm 'ba:n‚glaɪs?] |
| ¿Cuándo llega el tren a ...? | **Wann kommt der Zug in ... an?**<br>[van kɔmt de:ɐ tsu:k ɪn ... an?] |

| Ayudeme, por favor. | **Helfen Sie mir bitte.**<br>['hɛlfən zi: mi:ɐ 'bɪtə] |
| Busco mi asiento. | **Ich suche meinen Platz.**<br>[ɪç 'zu:χə 'maɪnən plats] |
| Buscamos nuestros asientos. | **Wir suchen unsere Plätze.**<br>[vi:ɐ 'zu:χən 'ʊnzɐə 'plɛtsə] |

| Mi asiento está ocupado. | **Unser Platz ist besetzt.**<br>['ʊnzɐ plats ist bə'zɛtst] |
| Nuestros asientos están ocupados. | **Unsere Plätze sind besetzt.**<br>['ʊnzɐə 'plɛtsə zɪnt bə'zɛtst] |
| Perdone, pero ese es mi asiento. | **Entschuldigen Sie,<br>aber das ist mein Platz.**<br>[ɛnt'ʃʊldɪgən zi:,<br>'a:bɐ das ist maɪn plats] |

¿Está libre?

**Ist der Platz frei?**
[ist de:ɐ plats fʀaɪ?]

¿Puedo sentarme aquí?

**Darf ich mich hier setzen?**
[daʁf ɪç mɪç hi:ɐ 'zɛtsən?]

## En el tren. Diálogo (Sin billete)

| | |
|---|---|
| Su billete, por favor. | **Fahrkarte bitte.**<br>['fa:ɐˌkaʁtə bɪtə] |
| No tengo billete. | **Ich habe keine Fahrkarte.**<br>[ɪç 'ha:bə kaɪnə 'fa:ɐˌkaʁtə] |
| He perdido mi billete. | **Ich habe meine Fahrkarte verloren.**<br>[ɪç 'ha:bə maɪnə 'fa:ɐˌkaʁtə fɛɐ'lo:ʁən] |
| He olvidado mi billete en casa. | **Ich habe meine Fahrkarte zuhause vergessen.**<br>[ɪç 'ha:bə maɪnə 'fa:ɐˌkaʁtə tsu'haʊzə fɛɐ'gɛsən] |

| | |
|---|---|
| Le puedo vender un billete. | **Sie können von mir eine Fahrkarte kaufen.**<br>[zi: 'kœnən fɔn mi:ɐ 'aɪnə 'fa:ɐˌkaʁtə 'kaʊfən] |
| También deberá pagar una multa. | **Sie werden auch eine Strafe zahlen.**<br>[zi: 've:ɐdən aʊχ 'aɪnə 'ʃtʁa:fə 'tsa:lən] |
| Vale. | **Gut.**<br>[gu:t] |
| ¿A dónde va usted? | **Wohin fahren Sie?**<br>[vo'hɪn 'fa:ʁən zi:?] |
| Voy a ... | **Ich fahre nach ...**<br>[ɪç 'fa:ʁə na:χ ...] |

| | |
|---|---|
| ¿Cuánto es? No lo entiendo. | **Wie viel? Ich verstehe nicht.**<br>[vi: fi:l? ɪç fɛɐ'ʃte:ə nɪçt] |
| Escríbalo, por favor. | **Schreiben Sie es bitte auf.**<br>['ʃʁaɪbən zi: ɛs 'bɪtə aʊf] |
| Vale. ¿Puedo pagar con tarjeta? | **Gut. Kann ich mit Karte zahlen?**<br>[gu:t. kan ɪç mɪt 'kaʁtə 'tsa:lən?] |
| Sí, puede. | **Ja, das können Sie.**<br>[ja:, das 'kœnən zi:] |

| | |
|---|---|
| Aquí está su recibo. | **Hier ist ihre Quittung.**<br>['hi:ɐ ist 'i:ʁə 'kvɪtʊŋ] |
| Disculpe por la multa. | **Tut mir leid wegen der Strafe.**<br>[tu:t mi:ɐ laɪt 've:gən de:ɐ 'ʃtʁa:fə] |
| No pasa nada. Fue culpa mía. | **Das ist in Ordnung.**<br>**Es ist meine Schuld.**<br>[das is ɪn 'ɔʁdnʊŋ.<br>ɛs ist 'maɪnə ʃʊlt] |
| Disfrute su viaje. | **Genießen Sie Ihre Fahrt.**<br>[gə'ni:sən zi: 'i:ʁə fa:ɐt] |

## Taxi

| | |
|---|---|
| taxi | **Taxi**<br>['taksi] |
| taxista | **Taxifahrer**<br>['taksiˌfaːʀɐ] |
| coger un taxi | **Ein Taxi nehmen**<br>[aɪn 'taksi 'neːmən] |
| parada de taxis | **Taxistand**<br>['taksiˌʃtant] |
| ¿Dónde puedo coger un taxi? | **Wo kann ich ein Taxi bekommen?**<br>[voː kan ɪç aɪn 'taksi beˈkɔmən?] |
| llamar a un taxi | **Ein Taxi rufen**<br>[aɪn 'taksi 'ʀuːfən] |
| Necesito un taxi. | **Ich brauche ein Taxi.**<br>[ɪç 'bʀaʊxə aɪn 'taksi] |
| Ahora mismo. | **Jetzt sofort.**<br>[jɛtst zoˈfɔʁt] |
| ¿Cuál es su dirección? | **Wie ist Ihre Adresse?**<br>[vi ist 'iːʀə aˈdʀɛsə?] |
| Mi dirección es … | **Meine Adresse ist …**<br>['maɪnə aˈdʀɛsə ist …] |
| ¿Cuál es el destino? | **Ihr Ziel?**<br>[iːɐ tsiːl?] |
| Perdone, … | **Entschuldigen Sie bitte, …**<br>[ɛntˈʃʊldɪgən ziː 'bɪtə, …] |
| ¿Está libre? | **Sind Sie frei?**<br>[zɪnt ziː fʀaɪ?] |
| ¿Cuánto cuesta ir a …? | **Was kostet die Fahrt nach …?**<br>[vas 'koːstət di faːɐt naχ …?] |
| ¿Sabe usted dónde está? | **Wissen Sie wo es ist?**<br>['vɪsən ziː voː ɛs 'ist?] |
| Al aeropuerto, por favor. | **Flughafen, bitte.**<br>['fluːkˌhaːfən, 'bɪtə] |
| Pare aquí, por favor. | **Halten Sie hier bitte an.**<br>['haltən ziː hiːɐ 'bɪtə an] |
| No es aquí. | **Das ist nicht hier.**<br>[das is nɪçt hiːɐ] |
| La dirección no es correcta. | **Das ist die falsche Adresse.**<br>[das is di: 'falʃə aˈdʀɛsə] |
| Gire a la izquierda. | **nach links**<br>[naːχ lɪŋks] |

Gire a la derecha.

**nach rechts**
[naːχ ʀɛçts]

¿Cuánto le debo?

**Was schulde ich Ihnen?**
[vas 'ʃʊldə ɪç 'iːnən?]

¿Me da un recibo, por favor?

**Ich würde gerne
ein Quittung haben, bitte.**
[ɪç 'vʏʁdə 'gɛʁnə
aɪn 'kvɪtʊŋ 'haːbən, 'bɪtə]

Quédese con el cambio.

**Stimmt so.**
[ʃtɪmt zoː]

Espéreme, por favor.

**Warten Sie auf mich bitte.**
['vaʁtən ziː 'aʊf mɪç 'bɪtə]

cinco minutos

**fünf Minuten**
[fʏnf miˈnuːtən]

diez minutos

**zehn Minuten**
[tseːn miˈnuːtən]

quince minutos

**fünfzehn Minuten**
['fʏnftseːn miˈnuːtən]

veinte minutos

**zwanzig Minuten**
['tsvantsɪç miˈnuːtən]

media hora

**eine halbe Stunde**
['aɪnə 'halbə 'ʃtʊndə]

# Hotel

| | |
|---|---|
| Hola. | **Guten Tag.**<br>[ˌgutən 'taːk] |
| Me llamo … | **Mein Name ist …**<br>[maɪn 'naːmə ist …] |
| Tengo una reserva. | **Ich habe eine Reservierung.**<br>[ɪç 'haːbɛ 'aɪnə ʀezɛʀ'viːʀʊŋ] |
| Necesito … | **Ich brauche …**<br>[ɪç 'bʀaʊχə …] |
| una habitación individual | **ein Einzelzimmer**<br>[aɪn 'aɪntsəlˌtsɪmə] |
| una habitación doble | **ein Doppelzimmer**<br>[aɪn 'dɔpəlˌtsɪmə] |
| ¿Cuánto cuesta? | **Wie viel kostet das?**<br>[viː fiːl 'kɔstət das?] |
| Es un poco caro. | **Das ist ein bisschen teuer.**<br>[das is aɪn 'bɪsçən 'tɔɪɐ] |
| ¿Tiene alguna más? | **Haben Sie sonst noch etwas?**<br>['haːbən ziː zɔnst nɔχ 'ɛtvas?] |
| Me quedo. | **Ich nehme es.**<br>[ɪç 'neːmə ɛs] |
| Pagaré en efectivo. | **Ich zahle bar.**<br>[ɪç 'tsaːlə baːɐ] |
| Tengo un problema. | **Ich habe ein Problem.**<br>[ɪç 'haːbə aɪn pʀo'bleːm] |
| Mi … no funciona. | **… ist kaputt.**<br>[… ɪst ka'pʊt] |
| Mi … está fuera de servicio. | **… ist außer Betrieb.**<br>[… ɪst 'aʊsə bə'tʀiːp] |
| televisión | **Mein Fernseher**<br>[maɪn 'fɛʀnˌzeːɐ] |
| aire acondicionado | **Meine Klimaanlage**<br>[maɪnə 'kliːmaˌʔanlaːgə] |
| grifo | **Mein Wasserhahn**<br>[maɪn 'vasəˌhaːn] |
| ducha | **Meine Dusche**<br>[maɪnə 'duːʃə] |
| lavabo | **Mein Waschbecken**<br>[maɪn 'vaʃˌbɛkən] |
| caja fuerte | **Mein Tresor**<br>[maɪn tʀe'zoːɐ] |

| | |
|---|---|
| cerradura | **Mein Türschloss**<br>[maɪn 'tyːɒʃlɔs] |
| enchufe | **Meine Steckdose**<br>[maɪnə 'ʃtɛkˌdoːzə] |
| secador de pelo | **Mein Föhn**<br>[maɪn føːn] |

| | |
|---|---|
| No tengo ... | **Ich habe kein ...**<br>[ɪç 'haːbə kaɪn ...] |
| agua | **Wasser**<br>['vasɐ] |
| luz | **Licht**<br>[lɪçt] |
| electricidad | **Strom**<br>[ʃtʀoːm] |

| | |
|---|---|
| ¿Me puede dar ...? | **Können Sie mir ... geben?**<br>['kœnən ziː miːɐ ... 'geːbən?] |
| una toalla | **ein Handtuch**<br>[aɪn 'hantˌtuːχ] |
| una sábana | **eine Decke**<br>['aɪnə 'dɛkə] |
| unas chanclas | **Hausschuhe**<br>['haʊsˌʃuːə] |
| un albornoz | **einen Bademantel**<br>['aɪnən 'baːdəˌmantəl] |
| un champú | **etwas Shampoo**<br>['ɛtvas 'ʃampu] |
| jabón | **etwas Seife**<br>['ɛtvas 'zaɪfə] |

| | |
|---|---|
| Quisiera cambiar de habitación. | **Ich möchte ein anderes Zimmer haben.**<br>[ɪç 'mœçtə aɪn 'andəʀəs 'tsɪmə 'haːbən] |
| No puedo encontrar mi llave. | **Ich kann meinen Schlüssel nicht finden.**<br>[ɪç kan 'maɪnən 'ʃlʏsəl nɪçt 'fɪndən] |
| Por favor abra mi habitación. | **Machen Sie bitte meine Tür auf.**<br>['maχən ziː 'bɪtə 'maɪnə tyːɐ 'aʊf] |

| | |
|---|---|
| ¿Quién es? | **Wer ist da?**<br>[veːɐ ist daː?] |
| ¡Entre! | **Kommen Sie rein!**<br>['kɔmən ziː ʀaɪn!] |
| ¡Un momento! | **Einen Moment bitte!**<br>['aɪnən mo'mɛnt 'bɪtə!] |
| Ahora no, por favor. | **Nicht jetzt bitte.**<br>[nɪçt jɛtst 'bɪtə] |
| Venga a mi habitación, por favor. | **Kommen Sie bitte in mein Zimmer.**<br>['kɔmən ziː 'bɪtə ɪn maɪn 'tsɪmə] |

| | |
|---|---|
| Quisiera hacer un pedido. | **Ich würde gerne Essen bestellen.**<br>[ɪç 'vʏʁdə 'gɛʁnə 'ɛsən bə'ʃtɛlən] |
| Mi número de habitación es … | **Meine Zimmernummer ist …**<br>['maɪnə 'tsɪmɐˌnʊmɐ ist …] |

| | |
|---|---|
| Me voy … | **Ich reise … ab.**<br>[ɪç 'ʁaɪzə … ap] |
| Nos vamos … | **Wir reisen … ab.**<br>[viːɐ 'ʁaɪzən … ap] |
| Ahora mismo | **jetzt**<br>[jɛtst] |
| esta tarde | **diesen Nachmittag**<br>['diːzən 'naːχmɪˌtaːk] |
| esta noche | **heute Abend**<br>['hɔɪtə 'aːbənt] |
| mañana | **morgen**<br>['mɔʁgən] |
| mañana por la mañana | **morgen früh**<br>['mɔʁgən fʁyː] |
| mañana por la noche | **morgen Abend**<br>['mɔʁgən 'aːbənt] |
| pasado mañana | **übermorgen**<br>['yːbɐˌmɔʁgən] |

| | |
|---|---|
| Quisiera pagar la cuenta. | **Ich möchte die Zimmerrechnung begleichen.**<br>[ɪç 'mœçtə di 'tsɪmɐˌʁɛçnʊŋ bə'glaɪçən] |
| Todo ha estado estupendo. | **Alles war wunderbar.**<br>['aləs vaːɐ 'vʊndɐbaːɐ] |
| ¿Dónde puedo coger un taxi? | **Wo kann ich ein Taxi bekommen?**<br>[voː kan ɪç aɪn 'taksi bə'kɔmən?] |
| ¿Puede llamarme un taxi, por favor? | **Würden Sie bitte ein Taxi für mich holen?**<br>['vʏʁdən ziː 'bɪtə aɪn 'taksi fyːɐ mɪç 'hoːlən?] |

# Restaurante

¿Puedo ver el menú, por favor?

**Könnte ich die Speisekarte sehen bitte?**
['kœntə ıç di 'ʃpaɪzə,kaʁtə 'zeːən 'bɪtə?]

Mesa para uno.

**Tisch für einen.**
[tɪʃ fyːɐ 'aɪnən]

Somos dos (tres, cuatro).

**Wir sind zu zweit (dritt, viert).**
[viːɐ zɪnt tsu tsvaɪt (dʁɪt, fiːɐt)]

Para fumadores

**Raucher**
['ʁaʊxɐ]

Para no fumadores

**Nichtraucher**
['nɪçt,ʁaʊxɐ]

¡Por favor! (llamar al camarero)

**Entschuldigen Sie mich!**
[ɛnt'ʃʊldɪgən ziː mɪç!]

la carta

**Speisekarte**
['ʃpaɪzə,kaʁtə]

la carta de vinos

**Weinkarte**
['vaɪn,kaʁtə]

La carta, por favor.

**Die Speisekarte bitte.**
[di 'ʃpaɪzə,kaʁtə 'bɪtə]

¿Está listo para pedir?

**Sind Sie bereit zum bestellen?**
[zɪnt ziː bə'ʁaɪt tsʊm bə'ʃtɛlən?]

¿Qué quieren pedir?

**Was würden Sie gerne haben?**
[vas 'vʏʁdən ziː 'gɛʁnə 'haːbən?]

Yo quiero …

**Ich möchte …**
[ɪç 'mœçtə …]

Soy vegetariano.

**Ich bin Vegetarier /Vegetarierin/.**
[ɪç bɪn vege'taːʁɪɐ /vege'taːʁɪəʁɪn/]

carne

**Fleisch**
[flaɪʃ]

pescado

**Fisch**
[fɪʃ]

verduras

**Gemüse**
[gə'myːzə]

¿Tiene platos para vegetarianos?

**Haben Sie vegetarisches Essen?**
['haːbən ziː vege'taːʁɪʃəs 'ɛsən?]

No como cerdo.

**Ich esse kein Schweinefleisch.**
[ɪç 'ɛsə kaɪn 'ʃvaɪnə,flaɪʃ]

Él /Ella/ no come carne.

**Er /Sie/ isst kein Fleisch.**
[eːɐ /ziː/ ist kaɪn flaɪʃ]

Soy alérgico a …

**Ich bin allergisch auf …**
[ɪç bɪn aˈlɛʁgɪʃ aʊf …]

¿Me puede traer …, por favor?

**Könnten Sie mir bitte … bringen.**
[ˈkœntən ziː miːɐ ˈbɪtə … ˈbʁɪŋən]

sal | pimienta | azúcar

**Salz | Pfeffer | Zucker**
[zalts | ˈpfɛfɐ | ˈtsʊkɐ]

café | té | postre

**Kaffee | Tee | Nachtisch**
[ˈkafe | teː | ˈnaːχˌtɪʃ]

agua | con gas | sin gas

**Wasser | Sprudel | stilles**
[ˈvasɐ | ˈʃpʁuːdəl | ˈʃtɪləs]

una cuchara | un tenedor | un cuchillo

**einen Löffel | eine Gabel | ein Messer**
[ˈaɪnən ˈlœfəl | ˈaɪnə ˈgabəl | aɪn ˈmɛsɐ]

un plato | una servilleta

**einen Teller | eine Serviette**
[ˈaɪnən ˈtɛlɐ | ˈaɪnə zɛʁˈvɪɛtə]

¡Buen provecho!

**Guten Appetit!**
[ˌguːtən ˌʔapəˈtiːt!]

Uno más, por favor.

**Noch einen bitte.**
[nɔχ ˈaɪnən ˈbɪtə]

Estaba delicioso.

**Es war sehr lecker.**
[ɛs vaːɐ zeːɐ ˈlɛkɐ]

la cuenta | el cambio | la propina

**Scheck | Wechselgeld | Trinkgeld**
[ʃɛk | ˈvɛksəlˌgɛlt | ˈtʁɪŋkˌgɛlt]

La cuenta, por favor.

**Zahlen bitte.**
[ˈtsaːlən ˈbɪtə]

¿Puedo pagar con tarjeta?

**Kann ich mit Karte zahlen?**
[kan ɪç mɪt ˈkaʁtə ˈtsaːlən?]

Perdone, aquí hay un error.

**Entschuldigen Sie, hier ist ein Fehler.**
[ɛntˈʃʊldɪgən ziː, hiːɐ ist aɪn ˈfeːlɐ]

## De Compras

¿Puedo ayudarle?

**Kann ich Ihnen behilflich sein?**
[kan ɪç 'iːnən bə'hɪlflɪç zaɪn?]

¿Tiene ...?

**Haben Sie ...?**
['haːbən ziː ...?]

Busco ...

**Ich suche ...**
[ɪç 'zuːχə ...]

Necesito ...

**Ich brauche ...**
[ɪç 'bʀaʊχə ...]

---

Sólo estoy mirando.

**Ich möchte nur schauen.**
[ɪç 'mœçtə nuːɐ 'ʃaʊən]

Sólo estamos mirando.

**Wir möchten nur schauen.**
[viːɐ 'mœçtən nuːɐ 'ʃaʊən]

Volveré más tarde.

**Ich komme später noch einmal zurück.**
[ɪç 'kɔmə 'ʃpɛːtɐ nɔχ 'aɪnmaːl tsu'ʀʏk]

Volveremos más tarde.

**Wir kommen später vorbei.**
[viːɐ 'kɔmən 'ʃpɛːtɐ foːɐ'baɪ]

descuentos | oferta

**Rabatt | Ausverkauf**
[ʀa'bat | 'aʊsfɛɐ̯ˌkaʊf]

---

Por favor, enséñeme ...

**Zeigen Sie mir bitte ...**
['tsaɪgən ziː miːɐ 'bɪtə ...]

¿Me puede dar ..., por favor?

**Geben Sie mir bitte ...**
['geːbən ziː miːɐ 'bɪtə ...]

¿Puedo probarmelo?

**Kann ich es anprobieren?**
[kan ɪç ɛs 'anpʀoˌbiːʀən?]

Perdone, ¿dónde están los probadores?

**Entschuldigen Sie bitte, wo ist die Anprobe?**
[ɛnt'ʃʊldɪgən ziː 'bɪtə, voː ist di 'anpʀoːbə?]

¿Qué color le gustaría?

**Welche Farbe mögen Sie?**
['vɛlçə 'faʀbə 'møgən ziː?]

la talla | el largo

**Größe | Länge**
['gʀøːsə | 'lɛŋə]

¿Cómo le queda? (¿Está bien?)

**Wie sitzt es?**
[viː zɪtst ɛs?]

¿Cuánto cuesta esto?

**Was kostet das?**
[vas 'koːstət das?]

Es muy caro.

**Das ist zu teuer.**
[das is tsu 'tɔɪɐ]

Me lo llevo.

**Ich nehme es.**
[ɪç 'neːmə ɛs]

Perdone, ¿dónde está la caja?

**Entschuldigen Sie bitte,
wo ist die Kasse?**
[ɛnt'ʃʊldɪɡən zi: 'bɪtə,
vo: ɪst di 'kasə?]

¿Pagará en efectivo o con tarjeta?

**Zahlen Sie Bar oder mit Karte?**
['tsa:lən zi: ba:ɐ 'o:dɐ mɪt 'kaʁtə?]

en efectivo | con tarjeta

**in Bar | mit Karte**
[ɪn ba:ɐ | mɪt 'kaʁtə]

¿Quiere el recibo?

**Brauchen Sie die Quittung?**
['bʁaʊχən zi: di 'kvɪtʊŋ?]

Sí, por favor.

**Ja, bitte.**
[ja:, 'bɪtə]

No, gracias.

**Nein, es ist ok.**
[naɪn, ɛs ist o'ke:]

Gracias. ¡Que tenga un buen día!

**Danke. Einen schönen Tag noch!**
['daŋkə. 'aɪnən 'ʃø:nən 'tak nɔχ!]

# En la ciudad

| | |
|---|---|
| Perdone, por favor. | **Entschuldigen Sie bitte, ...**<br>[ɛnt'ʃʊldɪgən zi: 'bɪtə, ...] |
| Busco ... | **Ich suche ...**<br>[ɪç 'zu:χə ...] |
| el metro | **die U-Bahn**<br>[di 'u:ba:n] |
| mi hotel | **mein Hotel**<br>[maɪn ho'tɛl] |

| | |
|---|---|
| el cine | **das Kino**<br>[das 'ki:no] |
| una parada de taxis | **den Taxistand**<br>[den 'taksiˌʃtant] |
| un cajero automático | **einen Geldautomat**<br>['aɪnən 'gɛlt?aʊtoˌma:t] |
| una oficina de cambio | **eine Wechselstube**<br>['aɪnə 'vɛksəlˌʃtu:bə] |

| | |
|---|---|
| un cibercafé | **ein Internetcafé**<br>[aɪn 'ɪntənɛt·kaˌfe:] |
| la calle ... | **die ... -Straße**<br>[di ... 'ʃtʀa:sə] |
| este lugar | **diesen Ort**<br>['di:zən ɔʁt] |

| | |
|---|---|
| ¿Sabe usted dónde está ...? | **Wissen Sie, wo ... ist?**<br>['vɪsən zi:, vo: ... 'ist?] |
| ¿Cómo se llama esta calle? | **Wie heißt diese Straße?**<br>[vi: haɪst 'di:zə 'ʃtʀa:sə?] |
| Muestreme dónde estamos ahora. | **Zeigen Sie mir wo wir gerade sind.**<br>['tsaɪgən zi: mi:ɐ vo: vi:ɐ gə'ʀa:də zɪnt] |
| ¿Puedo llegar a pie? | **Kann ich dort zu Fuß hingehen?**<br>[kan ɪç dɔʁt tsu fu:s 'hɪnˌge:ən?] |
| ¿Tiene un mapa de la ciudad? | **Haben Sie einen Stadtplan?**<br>['ha:bən zi: 'aɪnən 'ʃtatˌpla:n?] |

| | |
|---|---|
| ¿Cuánto cuesta la entrada? | **Was kostet eine Eintrittskarte?**<br>[vas 'ko:stət 'aɪnə 'aɪntʀɪtsˌkaʁtə?] |
| ¿Se pueden hacer fotos aquí? | **Darf man hier fotografieren?**<br>[daʁf man hi:ɐ fotogʀa'fi:ʀən?] |
| ¿Está abierto? | **Haben Sie offen?**<br>['ha:bən zi: 'ɔfən?] |

¿A qué hora abren?

**Wann öffnen Sie?**
[van 'œfnən zi:?]

¿A qué hora cierran?

**Wann schließen Sie?**
[van 'ʃliːsən zi:?]

# Dinero

| | |
|---|---|
| dinero | **Geld**<br>[gɛlt] |
| efectivo | **Bargeld**<br>['baːɐ̯ˌgɛlt] |
| billetes | **Papiergeld**<br>[pa'piːɐ̯ˌgɛlt] |
| monedas | **Kleingeld**<br>['klaɪnˌgɛlt] |
| la cuenta \| el cambio \| la propina | **Scheck \| Wechselgeld \| Trinkgeld**<br>[ʃɛk \| 'vɛksəlˌgɛlt \| 'tʁɪŋkˌgɛlt] |

| | |
|---|---|
| la tarjeta de crédito | **Kreditkarte**<br>[kʁeˈdiːtˌkaʁtə] |
| la cartera | **Geldbeutel**<br>['gɛltˌbɔɪtəl] |
| comprar | **kaufen**<br>['kaʊfən] |
| pagar | **zahlen**<br>['tsaːlən] |
| la multa | **Strafe**<br>['ʃtʁaːfə] |
| gratis | **kostenlos**<br>['kɔstənloːs] |

| | |
|---|---|
| ¿Dónde puedo comprar …? | **Wo kann ich … kaufen?**<br>[voː kan ɪç … 'kaʊfən?] |
| ¿Está el banco abierto ahora? | **Ist die Bank jetzt offen?**<br>[ist di baŋk jɛtst 'ɔfən?] |
| ¿A qué hora abre? | **Wann öffnet sie?**<br>[van 'œfnət ziː?] |
| ¿A qué hora cierra? | **Wann schließt sie?**<br>[van ʃliːst ziː?] |

| | |
|---|---|
| ¿Cuánto cuesta? | **Wie viel?**<br>[viː fiːl?] |
| ¿Cuánto cuesta esto? | **Was kostet das?**<br>[vas 'koːstət das?] |
| Es muy caro. | **Das ist zu teuer.**<br>[das is tsu 'tɔɪɐ] |
| Perdone, ¿dónde está la caja? | **Entschuldigen Sie bitte,<br>wo ist die Kasse?**<br>[ɛntˈʃʊldɪgən ziː 'bɪtə,<br>voː ist di 'kasə?] |

La cuenta, por favor.

**Ich möchte zahlen.**
[ɪç 'mœçtə 'tsaːlən]

¿Puedo pagar con tarjeta?

**Kann ich mit Karte zahlen?**
[kan ɪç mɪt 'kaʁtə 'tsaːlən?]

¿Hay un cajero por aquí?

**Gibt es hier einen Geldautomat?**
[giːpt ɛs hiːɐ 'aɪnən 'gɛlt?auto͵maːt?]

Busco un cajero automático.

**Ich brauche einen Geldautomat.**
[ɪç 'bʁauxə 'aɪnən 'gɛlt?auto͵maːt]

Busco una oficina de cambio.

**Ich suche eine Wechselstube.**
[ɪç 'zuːxə 'aɪnə 'vɛksəl͵ʃtuːbə]

Quisiera cambiar …

**Ich möchte … wechseln.**
[ɪç 'mœçtə … 'vɛksəln]

¿Cuál es el tipo de cambio?

**Was ist der Wechselkurs?**
[vas ɪst deːɐ 'vɛksəl͵kuʁs]

¿Necesita mi pasaporte?

**Brauchen Sie meinen Reisepass?**
['bʁauxən ziː 'maɪnən 'ʁaɪzə͵pas?]

## Tiempo

¿Qué hora es?

¿Cuándo?

¿A qué hora?

ahora | luego | después de ...

**Wie spät ist es?**
[vi: ʃpɛ:t ist ɛs?]
**Wann?**
[van?]
**Um wie viel Uhr?**
[ʊm vifi:l u:ɐ?]
**jetzt | später | nach ...**
[jɛtst | 'ʃpɛ:tɐ | na:χ ...]

la una

la una y cuarto

la una y medio

las dos menos cuarto

**ein Uhr**
[aɪn u:ɐ]
**Viertel zwei**
['fɪʁtəl tsvaɪ]
**ein Uhr dreißig**
[aɪn u:ɐ 'dʀaɪsɪç]
**Viertel vor zwei**
['fɪʁtəl fo:ɐ tsvaɪ]

una | dos | tres

cuatro | cinco | seis

siete | ocho | nueve

diez | once | doce

**eins | zwei | drei**
[aɪns | tsvaɪ | dʀaɪ]
**vier | fünf | sechs**
[fi:ɐ | fʏnf | zɛks]
**sieben | acht | neun**
['zi:bən | aχt | nɔɪn]
**zehn | elf | zwölf**
[tse:n | ɛlf | tsvœlf]

en ...

cinco minutos

diez minutos

quince minutos

veinte minutos

**in ...**
[ɪn ...]
**fünf Minuten**
[fʏnf mi'nu:tən]
**zehn Minuten**
[tse:n mi'nu:tən]
**fünfzehn Minuten**
['fʏnftse:n mi'nu:tən]
**zwanzig Minuten**
['tsvantsɪç mi'nu:tən]

media hora

una hora

por la mañana

**einer halben Stunde**
['aɪnɐ 'halbən 'ʃtʊndə]
**einer Stunde**
['aɪnɐ 'ʃtʊndə]
**am Vormittag**
[am 'fo:ɐmɪta:k]

| | |
|---|---|
| por la mañana temprano | **früh am Morgen**<br>[fʀy: am 'mɔʀgən] |
| esta mañana | **diesen Morgen**<br>['di:zən 'mɔʀgən] |
| mañana por la mañana | **morgen früh**<br>['mɔʀgən fʀy:] |
| al mediodía | **am Mittag**<br>[am 'mɪta:k] |
| por la tarde | **am Nachmittag**<br>[am 'na:χmɪta:k] |
| por la noche | **am Abend**<br>[am 'a:bənt] |
| esta noche | **heute Abend**<br>['hɔɪtə 'a:bənt] |
| por la noche | **in der Nacht**<br>[ɪn de:ɐ naχt] |
| ayer | **gestern**<br>['gɛstɐn] |
| hoy | **heute**<br>['hɔɪtə] |
| mañana | **morgen**<br>['mɔʀgən] |
| pasado mañana | **übermorgen**<br>['y:bɐˌmɔʀgən] |
| ¿Qué día es hoy? | **Welcher Tag ist heute?**<br>['vɛlçɐ ta:k ist 'hɔɪtə?] |
| Es ... | **Es ist ...**<br>[ɛs ist ...] |
| lunes | **Montag**<br>['mo:nta:k] |
| martes | **Dienstag**<br>['di:nsta:k] |
| miércoles | **Mittwoch**<br>['mɪtvɔχ] |
| jueves | **Donnerstag**<br>['dɔnɛsta:k] |
| viernes | **Freitag**<br>['fʀaɪta:k] |
| sábado | **Samstag**<br>['zamsta:k] |
| domingo | **Sonntag**<br>['zɔnta:k] |

# Saludos. Presentaciones.

Hola.

**Hallo.**
[ha'lo:]

Encantado /Encantada/ de conocerle.

**Freut mich, Sie kennen zu lernen.**
[fʀɔɪt mɪç, zi: 'kɛnən tsu 'lɛʀnən]

Yo también.

**Ganz meinerseits.**
[gants 'maɪnɐˌzaɪts]

Le presento a ...

**Darf ich vorstellen? Das ist ...**
[daʀf ɪç 'fo:ɐˌʃtɛlən? das ɪs ...]

Encantado.

**Sehr angenehm.**
[ze:ɐ 'angəˌne:m]

¿Cómo está?

**Wie geht es Ihnen?**
[vi: ge:t ɛs 'i:nən?]

Me llamo ...

**Ich heiße ...**
[ɪç 'haɪsə ...]

Se llama ...

**Er heißt ...**
[e:ɐ haɪst ...]

Se llama ...

**Sie heißt ...**
[zi: haɪst ...]

¿Cómo se llama (usted)?

**Wie heißen Sie?**
[vi: 'haɪsən zi:?]

¿Cómo se llama (él)?

**Wie heißt er?**
[vi: haɪst e:ɐ?]

¿Cómo se llama (ella)?

**Wie heißt sie?**
[vi: haɪst zi:?]

¿Cuál es su apellido?

**Wie ist Ihr Nachname?**
[vi: ist i:ɐ 'na:xˌna:mə?]

Puede llamarme ...

**Sie können mich ... nennen.**
[zi: 'kœnən mɪç ... 'nɛnən]

¿De dónde es usted?

**Woher kommen Sie?**
[vo'he:ɐ 'kɔmən zi:?]

Yo soy de ....

**Ich komme aus ...**
[ɪç 'kɔmə 'aʊs ...]

¿A qué se dedica?

**Was machen Sie beruflich?**
[vas 'maxən zi: bə'ʀu:flɪç?]

¿Quién es?

**Wer ist das?**
[ve:ɐ ist das?]

¿Quién es él?

**Wer ist er?**
[ve:ɐ ist e:ɐ?]

¿Quién es ella?

**Wer ist sie?**
[ve:ɐ ist zi:?]

¿Quiénes son?

**Wer sind sie?**
[ve:ɐ zɪnt zi:?]

| | |
|---|---|
| Este es … | **Das ist …**<br>[das is …] |
| mi amigo | **mein Freund**<br>[maɪn fʀɔɪnt] |
| mi amiga | **meine Freundin**<br>['maɪnə 'fʀɔɪndin] |
| mi marido | **mein Mann**<br>[maɪn man] |
| mi mujer | **meine Frau**<br>['maɪnə 'fʀaʊ] |
| | |
| mi padre | **mein Vater**<br>[maɪn 'faːtə] |
| mi madre | **meine Mutter**<br>['maɪnə 'mʊtə] |
| mi hermano | **mein Bruder**<br>[maɪn 'bʀuːdə] |
| mi hermana | **meine Schwester**<br>['maɪnə 'ʃvɛstə] |
| mi hijo | **mein Sohn**<br>[maɪn zoːn] |
| mi hija | **meine Tochter**<br>['maɪnə 'tɔχtə] |
| | |
| Este es nuestro hijo. | **Das ist unser Sohn.**<br>[das is 'ʊnzɐ zoːn] |
| Esta es nuestra hija. | **Das ist unsere Tochter.**<br>[das is 'ʊnzəɐ 'tɔχtə] |
| Estos son mis hijos. | **Das sind meine Kinder.**<br>[das zɪnt 'maɪnə 'kɪndə] |
| Estos son nuestros hijos. | **Das sind unsere Kinder.**<br>[das zɪnt 'ʊnzəɐ 'kɪndə] |

## Despedidas

| | |
|---|---|
| ¡Adiós! | **Auf Wiedersehen!** [aʊf 'viːdə̩ˌzeːən!] |
| ¡Chau! | **Tschüs!** [ʧyːs!] |
| Hasta mañana. | **Bis morgen.** [bɪs 'mɔʁgən] |
| Hasta pronto. | **Bis bald.** [bɪs balt] |
| Te veo a las siete. | **Bis um sieben.** [bɪs ʊm ziːbən] |

| | |
|---|---|
| ¡Que se diviertan! | **Viel Spaß!** [fiːl ʃpaːs!] |
| Hablamos más tarde. | **Wir sprechen später.** [viːɐ 'ʃpʁɛçən 'ʃpɛːtə] |
| Que tengas un buen fin de semana. | **Ich wünsche Ihnen ein schönes Wochenende.** [ɪç 'vynʃə 'iːnən aɪn 'ʃøːnəs 'vɔχənˌʔɛndə] |
| Buenas noches. | **Gute Nacht.** ['guːtə naχt] |

| | |
|---|---|
| Es hora de irme. | **Es ist Zeit, dass ich gehe.** [ɛs ist tsaɪt, das ɪç 'geːə] |
| Tengo que irme. | **Ich muss gehen.** [ɪç mʊs 'geːən] |
| Ahora vuelvo. | **Ich bin gleich wieder da.** [ɪç bɪn glaɪç 'viːdə da] |

| | |
|---|---|
| Es tarde. | **Es ist schon spät.** [ɛs ist ʃoːn ʃpɛːt] |
| Tengo que levantarme temprano. | **Ich muss früh aufstehen.** [ɪç mʊs fʁyː 'aʊfˌʃteːən] |
| Me voy mañana. | **Ich reise morgen ab.** [ɪç 'ʁaɪzə 'mɔʁgən ap] |
| Nos vamos mañana. | **Wir reisen morgen ab.** [viːɐ 'ʁaɪzən 'mɔʁgən ap] |

| | |
|---|---|
| ¡Que tenga un buen viaje! | **Ich wünsche Ihnen eine gute Reise!** [ɪç 'vynʃə 'iːnən aɪnə 'guːtə 'ʁaɪzə!] |
| Ha sido un placer. | **Hat mich gefreut, Sie kennen zu lernen.** [hat mɪç gə'fʁɔɪt, ziː 'kɛnən tsu 'lɛʁnən] |

Fue un placer hablar con usted.

**Hat mich gefreut mit Ihnen
zu sprechen.**
[hat mɪç gə'fʀɔɪt mɪt 'iːnən
tsu 'ʃpʀɛçən]

Gracias por todo.

**Danke für alles.**
['daŋkə fyːɐ 'aləs]

Lo he pasado muy bien.

**Ich hatte eine sehr gute Zeit.**
[ɪç hatə 'aɪnə zeːɐ 'guːtə tsaɪt]

Lo pasamos muy bien.

**Wir hatten eine sehr gute Zeit.**
[viːɐ 'hatən 'aɪnə zeːɐ 'guːtə tsaɪt]

Fue genial.

**Es war wirklich toll.**
[ɛs vaːɐ 'vɪʀklɪç tɔl]

Le voy a echar de menos.

**Ich werde Sie vermissen.**
[ɪç 've:ɐdə ziː fɛɐ'mɪsən]

Le vamos a echar de menos.

**Wir werden Sie vermissen.**
[viːɐ 'veːɐdən ziː fɛɐ'mɪsən]

¡Suerte!

**Viel Glück!**
[fiːl glʏk!]

Saludos a …

**Grüßen Sie …**
['gʀyːsən ziː …]

49

## Idioma extranjero

| | |
|---|---|
| No entiendo. | **Ich verstehe nicht.**<br>[ɪç fɛɐ'ʃteːə nɪçt] |
| Escríbalo, por favor. | **Schreiben Sie es bitte auf.**<br>['ʃʁaɪbən ziː ɛs 'bɪtə aʊf] |
| ¿Habla usted ...? | **Sprechen Sie ...?**<br>['ʃpʁɛçən ziː ...?] |

| | |
|---|---|
| Hablo un poco de ... | **Ich spreche ein bisschen ...**<br>[ɪç 'ʃpʁɛçə aɪn 'bɪsçən ...] |
| inglés | **Englisch**<br>['ɛŋlɪʃ] |
| turco | **Türkisch**<br>['tʏʁkɪʃ] |
| árabe | **Arabisch**<br>[a'ʁaːbɪʃ] |
| francés | **Französisch**<br>[fʁan'tsøːzɪʃ] |

| | |
|---|---|
| alemán | **Deutsch**<br>[dɔɪtʃ] |
| italiano | **Italienisch**<br>[ˌita'lɪeːnɪʃ] |
| español | **Spanisch**<br>['ʃpaːnɪʃ] |
| portugués | **Portugiesisch**<br>[pɔʁtu'giːzɪʃ] |
| chino | **Chinesisch**<br>[çi'neːzɪʃ] |
| japonés | **Japanisch**<br>[ja'paːnɪʃ] |

| | |
|---|---|
| ¿Puede repetirlo, por favor? | **Können Sie das bitte wiederholen.**<br>['kœnən ziː das 'bɪtə viːdɐ'hoːlən] |
| Lo entiendo. | **Ich verstehe.**<br>[ɪç fɛɐ'ʃteːə] |
| No entiendo. | **Ich verstehe nicht.**<br>[ɪç fɛɐ'ʃteːə nɪçt] |
| Hable más despacio, por favor. | **Sprechen Sie etwas langsamer.**<br>['ʃpʁɛçən ziː 'ɛtvas 'laŋˌzaːmɐ] |

| | |
|---|---|
| ¿Está bien? | **Ist das richtig?**<br>[ist das 'ʁɪçtɪç?] |
| ¿Qué es esto? (¿Que significa esto?) | **Was ist das?**<br>[vas ist das?] |

# Disculpas

Perdone, por favor.

**Entschuldigen Sie bitte.**
[ɛnt'ʃʊldɪgən zi: 'bɪtə]

Lo siento.

**Es tut mir leid.**
[ɛs tu:t mi:ɐ laɪt]

Lo siento mucho.

**Es tut mir sehr leid.**
[ɛs tu:t mi:ɐ ze:ɐ laɪt]

Perdón, fue culpa mía.

**Es tut mir leid, das ist meine Schuld.**
[ɛs tu:t mi:ɐ laɪt, das ist 'maɪnə ʃʊlt]

Culpa mía.

**Das ist mein Fehler.**
[das is maɪn 'fe:lɐ]

¿Puedo ...?

**Darf ich ...?**
[daʁf ɪç ...?]

¿Le molesta si ...?

**Haben Sie etwas dagegen,
wenn ich ...?**
[ha:bən zi: 'ɛtvas da'ge:gən,
vɛn ɪç ...?]

¡No hay problema! (No pasa nada.)

**Es ist okay.**
[ɛs ist o'ke:]

Todo está bien.

**Alles in Ordnung.**
['aləs ɪn 'ɔʁdnʊŋ]

No se preocupe.

**Machen Sie sich keine Sorgen.**
['maxən zi: zɪç 'kaɪnə 'zɔʁgən]

# Acuerdos

| | |
|---|---|
| Sí. | **Ja.**<br>[ja:] |
| Sí, claro. | **Ja, natürlich.**<br>[ja:, na'ty:elɪç] |
| Bien. | **Ok! Gut!**<br>[o'ke:! gu:t!] |
| Muy bien. | **Sehr gut.**<br>[ze:ɐ gu:t] |
| ¡Claro que sí! | **Natürlich!**<br>[na'ty:elɪç!] |
| Estoy de acuerdo. | **Genau.**<br>[ge'naʊ] |

| | |
|---|---|
| Es verdad. | **Das stimmt.**<br>[das ʃtɪmt] |
| Es correcto. | **Das ist richtig.**<br>[das is 'rɪçtɪç] |
| Tiene razón. | **Sie haben Recht.**<br>[zi: 'ha:bən rɛçt] |
| No me molesta. | **Ich habe nichts dagegen.**<br>[ɪç 'ha:bə nɪçts da'ge:gən] |
| Es completamente cierto. | **Völlig richtig.**<br>['fœlɪç 'rɪçtɪç] |

| | |
|---|---|
| Es posible. | **Das kann sein.**<br>[das kan zaɪn] |
| Es una buena idea. | **Das ist eine gute Idee.**<br>[das is 'aɪnə 'gu:tə i'de:] |
| No puedo decir que no. | **Ich kann es nicht ablehnen.**<br>[ɪç kan ɛs nɪçt 'ap,le:nən] |
| Estaré encantado /encantada/. | **Ich würde mich freuen.**<br>[ɪç 'vʏʁdə mɪç 'frɔɪən] |
| Será un placer. | **Gerne.**<br>['gɛʁnə] |

## Rechazo. Expresar duda

No.

**Nein.**
[naɪn]

Claro que no.

**Natürlich nicht.**
[na'ty:ɐlɪç nɪçt]

No estoy de acuerdo.

**Ich stimme nicht zu.**
[ɪç 'ʃtɪmə nɪçt tsu]

No lo creo.

**Das glaube ich nicht.**
[das 'glaʊbə ɪç nɪçt]

No es verdad.

**Das ist falsch.**
[das is falʃ]

---

No tiene razón.

**Sie liegen falsch.**
[zi: 'li:gən falʃ]

Creo que no tiene razón.

**Ich glaube, Sie haben Unrecht.**
[ɪç 'glaʊbə, zi: 'ha:bən 'ʊn‚ʀɛçt]

No estoy seguro /segura/.

**Ich bin nicht sicher.**
[ɪç bɪn nɪçt 'zɪçɐ]

No es posible.

**Das ist unmöglich.**
[das is 'ʊnmø:klɪç]

¡Nada de eso!

**Nichts dergleichen!**
[nɪçts de:ɐ'glaɪçən!]

---

Justo lo contrario.

**Im Gegenteil!**
[ɪm 'ge:gəntaɪl!]

Estoy en contra de ello.

**Ich bin dagegen.**
[ɪç bɪn da'ge:gən]

No me importa. (Me da igual.)

**Es ist mir egal.**
[ɛs ist mi:ɐ e'ga:l]

No tengo ni idea.

**Keine Ahnung.**
['kaɪnə 'a:nʊŋ]

Dudo que sea así.

**Ich bezweifle, dass es so ist.**
[ɪç bə'tsvaɪflə, das ɛs zo: ist]

---

Lo siento, no puedo.

**Es tut mir leid, ich kann nicht.**
[ɛs tu:t mi:ɐ laɪt, ɪç kan nɪçt]

Lo siento, no quiero.

**Es tut mir leid, ich möchte nicht.**
[ɛs tu:t mi:ɐ laɪt, ɪç 'mœçtə nɪçt]

Gracias, pero no lo necesito.

**Danke, das brauche ich nicht.**
['daŋkə, das 'bʀaʊxə ɪç nɪçt]

Ya es tarde.

**Es ist schon spät.**
[ɛs ist ʃo:n ʃpɛ:t]

Tengo que levantarme temprano.

**Ich muss früh aufstehen.**
[ɪç mʊs fʀy: 'aʊfʃteːən]

Me encuentro mal.

**Mir geht es schlecht.**
[miːɐ geːt ɛs ʃlɛçt]

## Expresar gratitud

Gracias.
**Danke.**
['daŋkə]

Muchas gracias.
**Dankeschön.**
['daŋkəʃøːn]

De verdad lo aprecio.
**Ich bin Ihnen sehr verbunden.**
[ɪç bɪn 'iːnən zeːɐ ˌfɛɐ'bʊndən]

Se lo agradezco.
**Ich bin Ihnen sehr dankbar.**
[ɪç bɪn 'iːnən zeːɐ 'daŋkbaːɐ]

Se lo agradecemos.
**Wir sind Ihnen sehr dankbar.**
[viːɐ zɪnt 'iːnən zeːɐ 'daŋkbaːɐ]

Gracias por su tiempo.
**Danke, dass Sie Ihre Zeit geopfert haben.**
['daŋkə, das ziː 'iːʀə tsaɪt gə'ʔɔpfɐt 'haːbən]

Gracias por todo.
**Danke für alles.**
['daŋkə fyːɐ 'aləs]

Gracias por …
**Danke für …**
['daŋkə fyːɐ …]

su ayuda
**Ihre Hilfe**
['iːʀə 'hɪlfə]

tan agradable momento
**die schöne Zeit**
[di 'ʃøːnə tsaɪt]

una comida estupenda
**das wunderbare Essen**
[das 'vʊndɐbaːʀə 'ɛsən]

una velada tan agradable
**den angenehmen Abend**
[den 'angəˌneːmən 'aːbənt]

un día maravilloso
**den wunderschönen Tag**
[dɛn ˌvʊndɐ'ʃøːnən taːk]

un viaje increíble
**die interessante Führung**
[di ɪntəʀɛ'santə 'fyːʀʊŋ]

No hay de qué.
**Keine Ursache.**
['kaɪnə 'uːɐˌzaχə]

De nada.
**Nichts zu danken.**
[nɪçts tsu 'daŋkən]

Siempre a su disposición.
**Immer gerne.**
['ɪmɐ 'gɛʀnə]

Encantado /Encantada/ de ayudarle.
**Es freut mich, geholfen zu haben.**
[ɛs fʀɔɪt mɪç, gə'hɔlfən tsu 'haːbən]

No hay de qué.                     **Vergessen Sie es.**
                                   [fɛɐ̯ˈɡɛsən ziː ɛs]

No tiene importancia.              **Machen Sie sich keine Sorgen.**
                                   [ˈmaχən ziː zɪç ˈkaɪnə ˈzɔʁɡən]

## Felicitaciones , Mejores Deseos

| | |
|---|---|
| ¡Felicidades! | **Glückwunsch!**<br>['glʏkˌvʊnʃ!] |
| ¡Feliz Cumpleaños! | **Alles gute zum Geburtstag!**<br>['aləs 'guːtə tsʊm gə'bʊʁtsˌtaːk!] |
| ¡Feliz Navidad! | **Frohe Weihnachten!**<br>[ˌfʁoːə 'vaɪnaχtən!] |
| ¡Feliz Año Nuevo! | **Frohes neues Jahr!**<br>[ˌfʁoːəs 'nɔɪəs jaːɐ̯!] |

| | |
|---|---|
| ¡Felices Pascuas! | **Frohe Ostern!**<br>[ˌfʁoːə 'oːstɐn!] |
| ¡Feliz Hanukkah! | **Frohes Hanukkah!**<br>[ˌfʁoːəs 'haːnukaː!] |

| | |
|---|---|
| Quiero brindar. | **Ich möchte einen Toast ausbringen.**<br>[ɪç 'mœçtə 'aɪnən toːst 'aʊsˌbʁɪŋən] |
| ¡Salud! | **Auf Ihr Wohl!**<br>[aʊf iːɐ voːl!] |
| ¡Brindemos por ...! | **Trinken wir auf ...!**<br>['tʁɪŋkən viːɐ 'aʊf ...!] |
| ¡A nuestro éxito! | **Auf unseren Erfolg!**<br>[aʊf 'ʊnzəʁən ɛɐ̯'fɔlk!] |
| ¡A su éxito! | **Auf Ihren Erfolg!**<br>[aʊf 'iːʁən ɛɐ̯'fɔlk!] |

| | |
|---|---|
| ¡Suerte! | **Viel Glück!**<br>[fiːl glʏk!] |
| ¡Que tenga un buen día! | **Einen schönen Tag noch!**<br>['aɪnən 'ʃøːnən taːk nɔχ!] |
| ¡Que tenga unas buenas vacaciones! | **Haben Sie einen guten Urlaub!**<br>[haːbən ziː 'aɪnən 'guːtən 'uːɐ̯ˌlaʊp!] |
| ¡Que tenga un buen viaje! | **Haben Sie eine sichere Reise!**<br>['haːbən ziː 'aɪnə 'zɪçəʁə 'ʁaɪzə!] |
| ¡Espero que se recupere pronto! | **Ich hoffe es geht Ihnen bald besser!**<br>[ɪç 'hɔfə ɛs geːt 'iːnən balt 'bɛsə!] |

# Socializarse

| | |
|---|---|
| ¿Por qué está triste? | **Warum sind Sie traurig?**<br>[va'ʀʊm zɪnt zi: 'tʀaʊʀɪç?] |
| ¡Sonría! ¡Animese! | **Lächeln Sie!**<br>['lɛçəln zi:!] |
| ¿Está libre esta noche? | **Sind Sie heute Abend frei?**<br>[zɪnt zi: 'hɔɪtə 'a:bənt fʀaɪ?] |

| | |
|---|---|
| ¿Puedo ofrecerle algo de beber? | **Darf ich ihnen was zum Trinken anbieten?**<br>[daʁf ɪç 'i:nən vas tsʊm 'tʀɪŋkən 'an‚bi:tən?] |
| ¿Querría bailar conmigo? | **Möchten Sie tanzen?**<br>['mœçtən zi: 'tantsən?] |
| Vamos a ir al cine. | **Gehen wir ins Kino.**<br>['ge:ən vi:ɐ ɪns 'ki:no] |

| | |
|---|---|
| ¿Puedo invitarle a ...? | **Darf ich Sie ins ... einladen?**<br>[daʁf ɪç zi: ɪns ... 'aɪn‚la:dən?] |
| un restaurante | **Restaurant**<br>[ʀɛsto'ʀaŋ] |
| el cine | **Kino**<br>['ki:no] |
| el teatro | **Theater**<br>[te'a:tɐ] |
| dar una vuelta | **auf einen Spaziergang**<br>[aʊf 'aɪnən ʃpa'tsi:ɐ‚gaŋ] |

| | |
|---|---|
| ¿A qué hora? | **Um wie viel Uhr?**<br>[ʊm vifi:l u:ɐ?] |
| esta noche | **heute Abend**<br>['hɔɪtə 'a:bənt] |
| a las seis | **um sechs Uhr**<br>[ʊm zɛks u:ɐ] |
| a las siete | **um sieben Uhr**<br>[ʊm 'zi:bən u:ɐ] |
| a las ocho | **um acht Uhr**<br>[ʊm aχt u:ɐ] |
| a las nueve | **um neun Uhr**<br>[ʊm 'nɔɪn u:ɐ] |

| | |
|---|---|
| ¿Le gusta este lugar? | **Gefällt es Ihnen hier?**<br>[gə'fɛlt ɛs 'i:nən hi:ɐ?] |
| ¿Está aquí con alguien? | **Sind Sie hier mit jemandem?**<br>[zɪnt zi: hi:ɐ mɪt 'je:mandəm?] |

Estoy con mi amigo /amiga/.
**Ich bin mit meinem Freund.**
[ɪç bɪn mɪt 'maɪnəm fʀɔɪnt]

Estoy con amigos.
**Ich bin mit meinen Freunden.**
[ɪç bɪn mɪt 'maɪnəm 'fʀɔɪndən]

No, estoy solo /sola/.
**Nein, ich bin alleine.**
[naɪn, ɪç bɪn a'laɪnə]

¿Tienes novio?
**Hast du einen Freund?**
[hast du 'aɪnən fʀɔɪnt?]

Tengo novio.
**Ich habe einen Freund.**
[ɪç 'ha:bə 'aɪnən fʀɔɪnt]

¿Tienes novia?
**Hast du eine Freundin?**
[hast du 'aɪnə 'fʀɔɪndɪn?]

Tengo novia.
**Ich habe eine Freundin.**
[ɪç 'ha:bə 'aɪnə 'fʀɔɪndɪn]

¿Te puedo volver a ver?
**Kann ich dich nochmals sehen?**
[kan ɪç dɪç 'nɔχma:ls 'ze:ən?]

¿Te puedo llamar?
**Kann ich dich anrufen?**
[kan ɪç dɪç 'an,ʀu:fən?]

Llámame.
**Ruf mich an.**
[ʀu:f mɪç an]

¿Cuál es tu número?
**Was ist deine Nummer?**
[vas ɪst 'daɪnə 'nʊmɐ?]

Te echo de menos.
**Ich vermisse dich.**
[ɪç fɛɐ'mɪsə dɪç]

¡Qué nombre tan bonito!
**Sie haben einen schönen Namen.**
[zi: 'ha:bən 'aɪnən 'ʃø:nən 'na:mən]

Te quiero.
**Ich liebe dich.**
[ɪç 'libə dɪç]

¿Te casarías conmigo?
**Willst du mich heiraten?**
[vɪlst du mɪç 'haɪʀa:tən?]

¡Está de broma!
**Sie machen Scherze!**
[zi: 'maχən 'ʃɛɐtsə!]

Sólo estoy bromeando.
**Ich habe nur gescherzt.**
[ɪç 'ha:bə nu:ɐ gə'ʃɛɐtst]

¿En serio?
**Ist das Ihr Ernst?**
[ist das i:ɐ ɛʀnst?]

Lo digo en serio.
**Das ist mein Ernst.**
[das is maɪn ɛʀnst]

¿De verdad?
**Echt?!**
[ɛçt?!]

¡Es increíble!
**Das ist unglaublich!**
[das is ʊn'glaʊplɪç!]

No le creo.
**Ich glaube Ihnen nicht.**
[ɪç 'glaʊbə 'i:nən nɪçt]

No puedo.
**Ich kann nicht.**
[ɪç kan nɪçt]

No lo sé.
**Ich weiß nicht.**
[ɪç vaɪs nɪçt]

No le entiendo.

**Ich verstehe Sie nicht.**
[ɪç fɛɐ'ʃteːə ziː nɪçt]

Váyase, por favor,

**Bitte gehen Sie weg.**
['bɪtə 'geːən ziː vɛk]

¡Déjeme en paz!

**Lassen Sie mich in Ruhe!**
['lasən ziː mɪç ɪn 'ʀuːə!]

---

Es inaguantable.

**Ich kann ihn nicht ausstehen.**
[ɪç kan iːn nɪçt 'ausʃteːən]

¡Es un asqueroso!

**Sie sind widerlich!**
[ziː zɪnt 'viːdelɪç!]

¡Llamaré a la policía!

**Ich rufe die Polizei an!**
[ɪç 'ʀuːfə di ˌpoliˈtsaɪ an!]

## Compartir impresiones. Emociones

| | |
|---|---|
| Me gusta. | **Das gefällt mir.**<br>[das gə'fɛlt miːɐ] |
| Muy lindo. | **Sehr nett.**<br>[zeːɐ nɛt] |
| ¡Es genial! | **Das ist toll!**<br>[das is tɔl!] |
| No está mal. | **Das ist nicht schlecht.**<br>[das is nɪçt ʃlɛçt] |

| | |
|---|---|
| No me gusta. | **Das gefällt mir nicht.**<br>[das gə'fɛlt miːɐ nɪçt] |
| No está bien. | **Das ist nicht gut.**<br>[das is nɪçt guːt] |
| Está mal. | **Das ist schlecht.**<br>[das is ʃlɛçt] |
| Está muy mal. | **Das ist sehr schlecht.**<br>[das is zeːɐ ʃlɛçt] |
| ¡Qué asco! | **Das ist widerlich.**<br>[das is 'viːdəlɪç] |

| | |
|---|---|
| Estoy feliz. | **Ich bin glücklich.**<br>[ɪç bɪn 'glʏklɪç] |
| Estoy contento /contenta/. | **Ich bin zufrieden.**<br>[ɪç bɪn tsu'fʀiːdən] |
| Estoy enamorado /enamorada/. | **Ich bin verliebt.**<br>[ɪç bɪn fɛɐ'liːpt] |
| Estoy tranquilo. | **Ich bin ruhig.**<br>[ɪç bɪn 'ʀuːɪç] |
| Estoy aburrido. | **Ich bin gelangweilt.**<br>[ɪç bɪn gə'laŋˌvaɪlt] |

| | |
|---|---|
| Estoy cansado /cansada/. | **Ich bin müde.**<br>[ɪç bɪn 'myːdə] |
| Estoy triste. | **Ich bin traurig.**<br>[ɪç bɪn 'tʀaʊʀɪç] |
| Estoy asustado. | **Ich habe Angst.**<br>[ɪç 'haːbə aŋst] |
| Estoy enfadado /enfadada/. | **Ich bin wütend.**<br>[ɪç bɪn 'vyːtənt] |

| | |
|---|---|
| Estoy preocupado /preocupada/. | **Ich mache mir Sorgen.**<br>[ɪç 'maxə miːɐ 'zɔʀgən] |
| Estoy nervioso /nerviosa/. | **Ich bin nervös.**<br>[ɪç bɪn nɛʀ'vøːs] |

Estoy celoso /celosa/.      **Ich bin eifersüchtig.**
[ɪç bɪn 'aɪfe̯ˌzʏçtɪç]

Estoy sorprendido /sorprendida/.      **Ich bin überrascht.**
[ɪç bɪn yːbeˈʁaʃt]

Estoy perplejo /perpleja/.      **Es ist mir peinlich.**
[ɛs ist miːɐ 'paɪnˌlɪç]

## Problemas, Accidentes

Tengo un problema.

**Ich habe ein Problem.**
[ɪç 'ha:bə aɪn pʀo'ble:m]

Tenemos un problema.

**Wir haben Probleme.**
[vi:ɐ 'ha:bən pʀo'ble:mə]

Estoy perdido /perdida/.

**Ich bin verloren.**
[ɪç bɪn fɛɐ'lo:ʀən]

Perdi el último autobús (tren).

**Ich habe den letzten Bus (Zug) verpasst.**
[ɪç 'ha:bə den 'lɛtstən bʊs (tsu:k) fɛɐ'past]

No me queda más dinero.

**Ich habe kein Geld mehr.**
[ɪç 'ha:bə kaɪn gɛlt me:ɐ]

He perdido …

**Ich habe mein … verloren.**
[ɪç 'ha:bə maɪn … fɛɐ'lo:ʀən]

Me han robado …

**Jemand hat mein … gestohlen.**
['je:mant hat maɪn … gə'ʃto:lən]

mi pasaporte

**Reisepass**
['ʀaɪzə‚pas]

mi cartera

**Geldbeutel**
['gɛlt‚bɔɪtəl]

mis papeles

**Papiere**
[pa'pi:ʀə]

mi billete

**Fahrkarte**
['fa:ɐ‚kaʀtə]

mi dinero

**Geld**
[gɛlt]

mi bolso

**Tasche**
['taʃə]

mi cámara

**Kamera**
['kaməʀa]

mi portátil

**Laptop**
['lɛptɔp]

mi tableta

**Tabletcomputer**
['tɛblət·kɔm‚pju:tɐ]

mi teléfono

**Handy**
['hɛndi]

¡Ayúdeme!

**Hilfe!**
['hɪlfə!]

¿Qué pasó?

**Was ist passiert?**
[vas ɪst pa'si:ɐt?]

el incendio

**Feuer**
['fɔɪɐ]

un tiroteo

**Schießerei**
[ʃiːsə'ʀaɪ]

el asesinato

**Mord**
[mɔʁt]

una explosión

**Explosion**
[ɛksplo'zjoːn]

una pelea

**Schlägerei**
[ʃlɛːgə'ʀaɪ]

¡Llame a la policía!

**Rufen Sie die Polizei!**
['ʀuːfən ziː di ˌpoli'tsaɪ!]

¡Más rápido, por favor!

**Schneller bitte!**
['ʃnɛlɐ 'bɪtə!]

Busco la comisaría.

**Ich suche nach einer Polizeistation.**
[ɪç 'zuːχə naːχ 'aɪnə poli'tsaɪʃtaˌtsjoːn]

Tengo que hacer una llamada.

**Ich muss einen Anruf tätigen.**
[ɪç mʊs 'aɪnən 'anˌʀuːf 'tɛːtɪgən]

¿Puedo usar su teléfono?

**Kann ich Ihr Telefon benutzen?**
[kan ɪç iːɐ tele'foːn bə'nʊtsən?]

Me han ...

**Ich wurde ...**
[ɪç 'vʏʁdə ...]

asaltado /asaltada/

**ausgeraubt**
['aʊsgəˌʀaʊpt]

robado /robada/

**überfallen**
[ˌyːbɐ'falən]

violada

**vergewaltigt**
[fɛɐgə'valtɪçt]

atacado /atacada/

**angegriffen**
['angəˌgʀɪfən]

¿Se encuentra bien?

**Ist bei Ihnen alles in Ordnung?**
[ist baɪ 'iːnən 'aləs ɪn 'ɔʁdnʊŋ?]

¿Ha visto quien a sido?

**Haben Sie gesehen wer es war?**
[haːbən ziː ge'zeːən veːɐ ɛs vaːɐ?]

¿Sería capaz de reconocer a la persona?

**Sind Sie in der Lage die Person wiederzuerkennen?**
[zɪnt ziː ɪn deːɐ lagə di pɛʁ'zoːn 'viːdɐtsuʔɛɐˌkɛnən?]

¿Está usted seguro?

**Sind sie sicher?**
[zɪnt ziː 'zɪçɐ?]

Por favor, cálmese.

**Beruhigen Sie sich bitte!**
[bə'ʀuːɪgən ziː zɪç 'bɪtə!]

¡Cálmese!

**Ruhig!**
['ʀuːɪç!]

¡No se preocupe!

**Machen Sie sich keine Sorgen.**
['maχən ziː zɪç 'kaɪnə 'zɔʁgən]

Todo irá bien.

**Alles wird gut.**
['aləs vɪʁt guːt]

| | |
|---|---|
| Todo está bien. | **Alles ist in Ordnung.**<br>['aləs ist ɪn 'ɔʁdnʊŋ] |
| Venga aquí, por favor. | **Kommen Sie bitte her.**<br>['kɔmən zi: 'bɪtə he:ɐ] |
| Tengo unas preguntas para usted. | **Ich habe einige Fragen für Sie.**<br>[ɪç 'ha:bə 'aɪnɪgə 'fʁa:gən fy:ɐ zi:] |
| Espere un momento, por favor. | **Warten Sie einen Moment bitte.**<br>['vaʁtən 'aɪnən mɔ'mɛnt 'bɪtə] |

| | |
|---|---|
| ¿Tiene un documento de identidad? | **Haben Sie einen Ausweis?**<br>['ha:bən zi: 'aɪnən 'aʊsˌvaɪs?] |
| Gracias. Puede irse ahora. | **Danke. Sie können nun gehen.**<br>['daŋkə. zi: 'kœnən nu:n 'ge:ən] |
| ¡Manos detrás de la cabeza! | **Hände hinter dem Kopf!**<br>['hɛndə 'hɪntɐ dem kɔpf!] |
| ¡Está arrestado! | **Sie sind verhaftet!**<br>[zi: zɪnt fɛɐ'haftət!] |

## Problemas de salud

| | |
|---|---|
| Ayudeme, por favor. | **Helfen Sie mir bitte.** ['hɛlfən zi: mi:ɐ 'bɪtə] |
| No me encuentro bien. | **Mir ist schlecht.** [mi:ɐ ɪs ʃlɛçt] |
| Mi marido no se encuentra bien. | **Meinem Ehemann ist schlecht.** ['maɪnəm 'e:əman ist ʃlɛçt] |
| Mi hijo ... | **Mein Sohn ...** [maɪn zo:n ...] |
| Mi padre ... | **Mein Vater ...** [maɪn 'fa:tɐ ...] |
| Mi mujer no se encuentra bien. | **Meine Frau fühlt sich nicht gut.** ['maɪnə 'fʀaʊ fy:lt zɪç nɪçt gu:t] |
| Mi hija ... | **Meine Tochter ...** ['maɪnə 'tɔχtɐ ...] |
| Mi madre ... | **Meine Mutter ...** ['maɪnə 'mʊtɐ ...] |
| Me duele ... | **Ich habe ... schmerzen.** [ɪç 'ha:bə ... 'ʃmɛʁtsən] |
| la cabeza | **Kopf-** [kɔpf] |
| la garganta | **Hals-** [hals] |
| el estómago | **Bauch-** ['baʊχ] |
| un diente | **Zahn-** [tsa:n] |
| Estoy mareado. | **Mir ist schwindelig.** [mi:ɐ ɪs 'ʃvɪndəlɪç] |
| Él tiene fiebre. | **Er hat Fieber.** [e:ɐ hat 'fi:bɐ] |
| Ella tiene fiebre. | **Sie hat Fieber.** [zi: hat 'fi:bɐ] |
| No puedo respirar. | **Ich kann nicht atmen.** [ɪç kan nɪçt 'a:tmən] |
| Me ahogo. | **Ich kriege keine Luft.** [ɪç 'kʀi:gə 'kaɪnə lʊft] |
| Tengo asma. | **Ich bin Asthmatiker.** [ɪç bɪn ast'ma:tikɐ] |
| Tengo diabetes. | **Ich bin Diabetiker /Diabetikerin/** [ɪç bɪn dia'be:tikɐ /dia'be:tikəʀɪn/] |

No puedo dormir.

**Ich habe Schlaflosigkeit.**
[ɪç 'ha:bə 'ʃla:flo:zɪçkaɪt]

intoxicación alimentaria

**Lebensmittelvergiftung**
['le:bəns͵mɪtəl·fɛɐ͵gɪftuŋ]

---

Me duele aquí.

**Es tut hier weh.**
[ɛs tʊt hi:ɐ ve:]

¡Ayúdeme!

**Hilfe!**
['hɪlfə!]

¡Estoy aquí!

**Ich bin hier!**
[ɪç bɪn hi:ɐ!]

¡Estamos aquí!

**Wir sind hier!**
[vi:ɐ zɪnt hi:ɐ!]

¡Saquenme de aquí!

**Bringen Sie mich hier raus!**
['bʀɪŋən zi: mɪç hi:ɐ 'ʀaʊs!]

Necesito un médico.

**Ich brauche einen Arzt.**
[ɪç 'bʀaʊχə 'aɪnən aʁtst]

No me puedo mover.

**Ich kann mich nicht bewegen.**
[ɪç kan mɪç nɪçt bə've:gən]

No puedo mover mis piernas.

**Ich kann meine Beine nicht bewegen.**
[ɪç kan 'maɪnə 'baɪnə nɪçt bə've:gən]

---

Tengo una herida.

**Ich habe eine Wunde.**
[ɪç 'ha:bə 'aɪnə 'vʊndə]

¿Es grave?

**Ist es ernst?**
[ist ɛs ɛʁnst?]

Mis documentos están en mi bolsillo.

**Meine Dokumente sind in meiner Hosentasche.**
['maɪnə doku'mɛntə zɪnt ɪn 'maɪnə 'ho:zən͵taʃə]

¡Cálmese!

**Beruhigen Sie sich!**
[bə'ʀu:ɪgən zi: zɪç!]

¿Puedo usar su teléfono?

**Kann ich Ihr Telefon benutzen?**
[kan ɪç i:ɐ tele'fo:n bə'nʊtsən?]

---

¡Llame a una ambulancia!

**Rufen Sie einen Krankenwagen!**
['ʀu:fən zi: 'aɪnən 'kʀaŋkən͵va:gən!]

¡Es urgente!

**Es ist dringend!**
[ɛs ist 'dʀɪŋənt!]

¡Es una emergencia!

**Es ist ein Notfall!**
[ɛs ist aɪn 'no:t͵fal!]

¡Más rápido, por favor!

**Schneller bitte!**
['ʃnɛlɐ 'bɪtə!]

¿Puede llamar a un médico, por favor?

**Können Sie bitte einen Arzt rufen?**
['kœnən zi: 'bɪtə 'aɪnən aʁtst 'ʀu:fən?]

¿Dónde está el hospital?

**Wo ist das Krankenhaus?**
[vo: ist das 'kʀaŋkən͵haʊs?]

---

¿Cómo se siente?

**Wie fühlen Sie sich?**
[vi: 'fy:lən zi: zɪç?]

¿Se encuentra bien?

**Ist bei Ihnen alles in Ordnung?**
[ist baɪ 'i:nən 'aləs ɪn 'ɔʁdnʊŋ?]

¿Qué pasó?

**Was ist passiert?**
[vas ɪst pa'si:ɐt?]

Me encuentro mejor.

**Mir geht es schon besser.**
[mi:ɐ ge:t ɛs ʃo:n 'bɛsɐ]

Está bien.

**Es ist in Ordnung.**
[ɛs ist ɪn 'ɔʁdnʊŋ]

Todo está bien.

**Alles ist in Ordnung.**
['aləs ist ɪn 'ɔʁdnʊŋ]

# En la farmacia

la farmacia

**Apotheke**
[apoˈteːkə]

la farmacia 24 horas

**24 Stunden Apotheke**
[fiːɐ·ʊn·ˈtsvantsɪç ˈʃtʊndən apoˈteːkə]

¿Dónde está la farmacia más cercana?

**Wo ist die nächste Apotheke?**
[voː ist di ˈnɛːçstə apoˈteːkə?]

¿Está abierta ahora?

**Ist sie jetzt offen?**
[ist ziː jɛtst ˈɔfən?]

¿A qué hora abre?

**Um wie viel Uhr öffnet sie?**
[ʊm vifiːl uːɐ ˈœfnət ziː?]

¿A qué hora cierra?

**Um wie viel Uhr schließt sie?**
[ʊm vifiːl uːɐ ʃliːst ziː?]

¿Está lejos?

**Ist es weit?**
[ist ɛs vaɪt?]

¿Puedo llegar a pie?

**Kann ich dort zu Fuß hingehen?**
[kan ɪç dɔʁt tsu fuːs ˈhɪnˌgeːən?]

¿Puede mostrarme en el mapa?

**Können Sie es mir auf der Karte zeigen?**
[ˈkœnən ziː ɛs miːɐ aʊf deːɐ ˈkaʁtə ˈtsaɪgən?]

Por favor, deme algo para …

**Bitte geben sie mir etwas gegen …**
[ˈbɪtə geːbn ziː miːɐ ˈɛtvas ˈgeːgən …]

un dolor de cabeza

**Kopfschmerzen**
[ˈkɔpfˌʃmɛʁtsən]

la tos

**Husten**
[ˈhuːstən]

el resfriado

**eine Erkältung**
[ˈaɪnə ɛɐˈkɛltʊŋ]

la gripe

**die Grippe**
[di ˈɡʁɪpə]

la fiebre

**Fieber**
[ˈfiːbɐ]

un dolor de estomago

**Magenschmerzen**
[ˈmaːgənˌʃmɛʁtsən]

nauseas

**Übelkeit**
[ˈyːbəlkaɪt]

la diarrea

**Durchfall**
[ˈdʊʁçˌfal]

el estreñimiento

**Verstopfung**
[fɛɐˈʃtɔpfʊŋ]

| | |
|---|---|
| un dolor de espalda | **Rückenschmerzen**<br>['ʀʏkən‚ʃmɛʁtsən] |
| un dolor de pecho | **Brustschmerzen**<br>['bʀʊstʃmɛʁtsən] |
| el flato | **Seitenstechen**<br>['zaɪtən‚ʃtɛçən] |
| un dolor abdominal | **Bauchschmerzen**<br>['baʊχ‚ʃmɛʁtsən] |

| | |
|---|---|
| la píldora | **Pille**<br>['pɪlə] |
| la crema | **Salbe, Creme**<br>['zalbə, kʀɛ:m] |
| el jarabe | **Sirup**<br>['zi:ʀʊp] |
| el spray | **Spray**<br>[ʃpʀe:] |
| las gotas | **Tropfen**<br>['tʀɔpfən] |

| | |
|---|---|
| Tiene que ir al hospital. | **Sie müssen ins Krankenhaus gehen.**<br>[zi: 'mʏsən ɪns 'kʀaŋkən‚haʊs 'ge:ən] |
| el seguro de salud | **Krankenversicherung**<br>['kʀaŋkən‚fɛɐ‚zɪçəʀʊŋ] |
| la receta | **Rezept**<br>[ʀe'tsɛpt] |
| el repelente de insectos | **Insektenschutzmittel**<br>[ɪn'zɛktən‚ʃʊts‚mɪtəl] |
| la curita | **Pflaster**<br>['pflastɐ] |

## Lo más imprescindible

| | |
|---|---|
| Perdone, … | **Entschuldigen Sie bitte, …**<br>[ɛntˈʃʊldɪgən zi: ˈbɪtə, …] |
| Hola. | **Hallo.**<br>[haˈlo:] |
| Gracias. | **Danke.**<br>[ˈdaŋkə] |

| | |
|---|---|
| Sí. | **Ja.**<br>[ja:] |
| No. | **Nein.**<br>[naɪn] |
| No lo sé. | **Ich weiß nicht.**<br>[ɪç vaɪs nɪçt] |
| ¿Dónde? \| ¿A dónde? \| ¿Cuándo? | **Wo? \| Wohin? \| Wann?**<br>[vo:? \| voˈhɪn? \| van?] |

| | |
|---|---|
| Necesito … | **Ich brauche …**<br>[ɪç ˈbʀauχə …] |
| Quiero … | **Ich möchte …**<br>[ɪç ˈmœçtə …] |
| ¿Tiene …? | **Haben Sie …?**<br>[ˈha:bən zi: …?] |
| ¿Hay … por aquí? | **Gibt es hier …?**<br>[gi:pt ɛs hi:ɐ …?] |
| ¿Puedo …? | **Kann ich …?**<br>[kan ɪç …?] |
| …, por favor? (petición educada) | **Bitte**<br>[ˈbɪtə] |

| | |
|---|---|
| Busco … | **Ich suche …**<br>[ɪç ˈzu:χə …] |
| el servicio | **Toilette**<br>[toaˈlɛtə] |
| un cajero automático | **Geldautomat**<br>[ˈgɛltʔautoˌma:t] |
| una farmacia | **Apotheke**<br>[apoˈte:kə] |
| el hospital | **Krankenhaus**<br>[ˈkʀaŋkənˌhaʊs] |

| | |
|---|---|
| la comisaría | **Polizeistation**<br>[poliˈtsaɪˈʃtaˌtsjo:n] |
| el metro | **U-Bahn**<br>[ˈu:ba:n] |

| | |
|---|---|
| un taxi | **Taxi**<br>['taksi] |
| la estación de tren | **Bahnhof**<br>['baːnˌhoːf] |

| | |
|---|---|
| Me llamo ... | **Ich heiße ...**<br>[ɪç 'haɪsə ...] |
| ¿Cómo se llama? | **Wie heißen Sie?**<br>[viː 'haɪsən ziː?] |
| ¿Puede ayudarme, por favor? | **Helfen Sie mir bitte.**<br>['hɛlfən ziː miːɐ 'bɪtə] |
| Tengo un problema. | **Ich habe ein Problem.**<br>[ɪç 'haːbə aɪn pʀoˈbleːm] |
| Me encuentro mal. | **Mir ist schlecht.**<br>[miːɐ ɪs ʃlɛçt] |
| ¡Llame a una ambulancia! | **Rufen Sie einen Krankenwagen!**<br>['ʀuːfən ziː 'aɪnən 'kʀaŋkənˌvaːɡən!] |
| ¿Puedo llamar, por favor? | **Darf ich telefonieren?**<br>[daʁf ɪç telefoˈniːʀən?] |

| | |
|---|---|
| Lo siento. | **Entschuldigung.**<br>[ɛntˈʃuldɪɡʊŋ] |
| De nada. | **Keine Ursache.**<br>['kaɪnə 'uːɐˌzaχə] |

| | |
|---|---|
| Yo | **ich**<br>[ɪç] |
| tú | **du**<br>[duː] |
| él | **er**<br>[eːɐ] |
| ella | **sie**<br>[ziː] |
| ellos | **sie**<br>[ziː] |
| ellas | **sie**<br>[ziː] |
| nosotros /nosotras/ | **wir**<br>[viːɐ] |
| ustedes, vosotros | **ihr**<br>[iːɐ] |
| usted | **Sie**<br>[ziː] |

| | |
|---|---|
| ENTRADA | **EINGANG**<br>['aɪnˌɡaŋ] |
| SALIDA | **AUSGANG**<br>['aʊsˌɡaŋ] |
| FUERA DE SERVICIO | **AUßER BETRIEB**<br>[ˌaʊsɐ bəˈtʀiːp] |
| CERRADO | **GESCHLOSSEN**<br>[ɡəˈʃlɔsən] |

ABIERTO

**OFFEN**
['ɔfən]

PARA SEÑORAS

**FÜR DAMEN**
[fyːɐ 'damən]

PARA CABALLEROS

**FÜR HERREN**
[fyːɐ 'hɛʀən]

# DICCIONARIO CONCISO

Esta sección contiene más
de 1.500 palabras útiles.
El diccionario incluye muchos
términos gastronómicos
y será de gran ayuda para
pedir alimentos en un
restaurante o comprando
comestibles en la tienda

**T&P Books Publishing**

# CONTENIDO
# DEL DICCIONARIO

T&P Books Publishing

| | | |
|---|---|---|
| tiempo (m) | **Zeit** (f) | [tsaɪt] |
| hora (f) | **Stunde** (f) | [ˈʃtʊndə] |
| media hora (f) | **eine halbe Stunde** | [ˈaɪnə ˈhalbə ˈʃtʊndə] |
| minuto (m) | **Minute** (f) | [miˈnuːtə] |
| segundo (m) | **Sekunde** (f) | [zeˈkʊndə] |
| | | |
| hoy (adv) | **heute** | [ˈhɔɪtə] |
| mañana (adv) | **morgen** | [ˈmɔʁɡən] |
| ayer (adv) | **gestern** | [ˈɡɛstɐn] |
| | | |
| lunes (m) | **Montag** (m) | [ˈmoːntaːk] |
| martes (m) | **Dienstag** (m) | [ˈdiːnstaːk] |
| miércoles (m) | **Mittwoch** (m) | [ˈmɪtvɔx] |
| jueves (m) | **Donnerstag** (m) | [ˈdɔnɐstaːk] |
| viernes (m) | **Freitag** (m) | [ˈfʁaɪtaːk] |
| sábado (m) | **Samstag** (m) | [ˈzamstaːk] |
| domingo (m) | **Sonntag** (m) | [ˈzɔntaːk] |
| | | |
| día (m) | **Tag** (m) | [taːk] |
| día (m) de trabajo | **Arbeitstag** (m) | [ˈaʁbaɪtsˌtaːk] |
| día (m) de fiesta | **Feiertag** (m) | [ˈfaɪɐˌtaːk] |
| fin (m) de semana | **Wochenende** (n) | [ˈvɔxənˌʔɛndə] |
| | | |
| semana (f) | **Woche** (f) | [ˈvɔxə] |
| semana (f) pasada | **letzte Woche** | [ˈlɛtstə ˈvɔxə] |
| semana (f) que viene | **nächste Woche** | [ˈnɛːçstə ˈvɔxə] |
| | | |
| salida (f) del sol | **Sonnenaufgang** (m) | [ˈzɔnənˌʔaʊfɡaŋ] |
| puesta (f) del sol | **Sonnenuntergang** (m) | [ˈzɔnənˌʔʊntɐɡaŋ] |
| | | |
| por la mañana | **morgens** | [ˈmɔʁɡəns] |
| por la tarde | **nachmittags** | [ˈnaːxmɪˌtaːks] |
| por la noche | **abends** | [ˈaːbənts] |
| esta noche (p.ej. 8:00 p.m.) | **heute Abend** | [ˈhɔɪtə ˈaːbənt] |
| por la noche | **nachts** | [naxts] |
| medianoche (f) | **Mitternacht** (f) | [ˈmɪtɐˌnaxt] |
| | | |
| enero (m) | **Januar** (m) | [ˈjanuaːɐ] |
| febrero (m) | **Februar** (m) | [ˈfeːbʁuaːɐ] |
| marzo (m) | **März** (m) | [mɛʁts] |
| abril (m) | **April** (m) | [aˈpʁɪl] |
| mayo (m) | **Mai** (m) | [maɪ] |
| junio (m) | **Juni** (m) | [ˈjuːni] |
| julio (m) | **Juli** (m) | [ˈjuːli] |

| agosto (m) | **August** (m) | [aʊ'gʊst] |
|---|---|---|
| septiembre (m) | **September** (m) | [zɛp'tɛmbɐ] |
| octubre (m) | **Oktober** (m) | [ɔk'to:bɐ] |
| noviembre (m) | **November** (m) | [no'vɛmbɐ] |
| diciembre (m) | **Dezember** (m) | [de'tsɛmbɐ] |
| | | |
| en primavera | **im Frühling** | [ɪm 'fʀy:lɪŋ] |
| en verano | **im Sommer** | [ɪm 'zɔmɐ] |
| en otoño | **im Herbst** | [ɪm hɛʁpst] |
| en invierno | **im Winter** | [ɪm 'vɪntɐ] |
| | | |
| mes (m) | **Monat** (m) | ['mo:nat] |
| estación (f) | **Saison** (f) | [zɛ'zɔŋ] |
| año (m) | **Jahr** (n) | [ja:ɐ] |
| siglo (m) | **Jahrhundert** (n) | [ja:ɐ'hʊndɐt] |

## 2. Números. Los numerales

| cifra (f) | **Ziffer** (f) | ['tsɪfɐ] |
|---|---|---|
| número (m) (~ cardinal) | **Zahl** (f) | [tsa:l] |
| menos (m) | **Minus** (n) | ['mi:nʊs] |
| más (m) | **Plus** (n) | [plʊs] |
| suma (f) | **Summe** (f) | ['zʊmə] |
| | | |
| primero (adj) | **der erste** | [de:ɐ 'ɛʁstə] |
| segundo (adj) | **der zweite** | [de:ɐ 'tsvaɪtə] |
| tercero (adj) | **der dritte** | [de:ɐ 'dʀɪtə] |
| | | |
| cero | **null** | [nʊl] |
| uno | **eins** | [aɪns] |
| dos | **zwei** | [tsvaɪ] |
| tres | **drei** | [dʀaɪ] |
| cuatro | **vier** | [fi:ɐ] |
| | | |
| cinco | **fünf** | [fʏnf] |
| seis | **sechs** | [zɛks] |
| siete | **sieben** | ['zi:bən] |
| ocho | **acht** | [aχt] |
| nueve | **neun** | [nɔɪn] |
| diez | **zehn** | [tse:n] |
| | | |
| once | **elf** | [ɛlf] |
| doce | **zwölf** | [tsvœlf] |
| trece | **dreizehn** | ['dʀaɪtse:n] |
| catorce | **vierzehn** | ['fiʁtse:n] |
| quince | **fünfzehn** | ['fʏnftse:n] |
| | | |
| dieciséis | **sechzehn** | ['zɛçtse:n] |
| diecisiete | **siebzehn** | ['zi:ptse:n] |
| dieciocho | **achtzehn** | ['aχtse:n] |

| | | |
|---|---|---|
| diecinueve | **neunzehn** | ['nɔɪntseːn] |
| veinte | **zwanzig** | ['tsvantsɪç] |
| treinta | **dreißig** | ['dʀaɪsɪç] |
| cuarenta | **vierzig** | ['fɪʁtsɪç] |
| cincuenta | **fünfzig** | ['fʏnftsɪç] |
| | | |
| sesenta | **sechzig** | ['zɛçtsɪç] |
| setenta | **siebzig** | ['ziːptsɪç] |
| ochenta | **achtzig** | ['aχtsɪç] |
| noventa | **neunzig** | ['nɔɪntsɪç] |
| cien | **einhundert** | ['aɪn͜hʊndɐt] |
| doscientos | **zweihundert** | ['tsvaɪ͜hʊndɐt] |
| trescientos | **dreihundert** | ['dʀaɪ͜hʊndɐt] |
| cuatrocientos | **vierhundert** | ['fiːɐ͜hʊndɐt] |
| quinientos | **fünfhundert** | ['fʏnf͜hʊndɐt] |
| | | |
| seiscientos | **sechshundert** | [zɛks͜hʊndɐt] |
| setecientos | **siebenhundert** | ['ziːbən͜hʊndɐt] |
| ochocientos | **achthundert** | ['aχt͜hʊndɐt] |
| novecientos | **neunhundert** | ['nɔɪn͜hʊndɐt] |
| mil | **eintausend** | ['aɪn͜taʊzənt] |
| | | |
| diez mil | **zehntausend** | ['tsen͜taʊzənt] |
| cien mil | **hunderttausend** | ['hʊndɐt͜taʊzənt] |
| millón (m) | **Million** (f) | [mɪ'ljoːn] |
| mil millones | **Milliarde** (f) | [mɪ'lɪaʁdə] |

## 3. El ser humano. Los familiares

| | | |
|---|---|---|
| hombre (m) (varón) | **Mann** (m) | [man] |
| joven (m) | **Junge** (m) | ['jʊŋə] |
| adolescente (m) | **Teenager** (m) | ['tiːneːdʒe] |
| mujer (f) | **Frau** (f) | [fʀaʊ] |
| muchacha (f) | **Mädchen** (n) | ['mɛːtçən] |
| | | |
| edad (f) | **Alter** (n) | ['altə] |
| adulto | **Erwachsene** (f) | [ɛɐ'vaksənə] |
| de edad media (adj) | **in mittleren Jahren** | [ɪn 'mɪtləʀən 'jaːʀən] |
| anciano, mayor (adj) | **älterer** | ['ɛltəʀɐ] |
| viejo (adj) | **alt** | [alt] |
| | | |
| anciano (m) | **Greis** (m) | [gʀaɪs] |
| anciana (f) | **alte Frau** (f) | ['altə 'fʀaʊ] |
| jubilación (f) | **Ruhestand** (m) | ['ʀuːə ʃtant] |
| jubilarse | **in Rente gehen** | [ɪn 'ʀɛntə 'geːən] |
| jubilado (m) | **Rentner** (m) | ['ʀɛntnɐ] |
| | | |
| madre (f) | **Mutter** (f) | ['mʊtə] |
| padre (m) | **Vater** (m) | ['faːtɐ] |
| hijo (m) | **Sohn** (m) | [zoːn] |

| hija (f) | **Tochter** (f) | ['tɔχtɐ] |
| hermano (m) | **Bruder** (m) | ['bʀu:dɐ] |
| hermana (f) | **Schwester** (f) | ['ʃvɛstɐ] |

| padres (pl) | **Eltern** (pl) | ['ɛltɐn] |
| niño -a (m, f) | **Kind** (n) | [kɪnt] |
| niños (pl) | **Kinder** (pl) | ['kɪndɐ] |
| madrastra (f) | **Stiefmutter** (f) | ['ʃti:fˌmʊtɐ] |
| padrastro (m) | **Stiefvater** (m) | ['ʃti:fˌfa:tɐ] |

| abuela (f) | **Großmutter** (f) | ['gʀo:sˌmʊtɐ] |
| abuelo (m) | **Großvater** (m) | ['gʀo:sˌfa:tɐ] |
| nieto (m) | **Enkel** (m) | ['ɛŋkəl] |
| nieta (f) | **Enkelin** (f) | ['ɛŋkəlɪn] |
| nietos (pl) | **Enkelkinder** (pl) | ['ɛŋkəlˌkɪndɐ] |

| tío (m) | **Onkel** (m) | ['ɔŋkəl] |
| tía (f) | **Tante** (f) | ['tantə] |
| sobrino (m) | **Neffe** (m) | ['nɛfə] |
| sobrina (f) | **Nichte** (f) | ['nɪçtə] |

| mujer (f) | **Frau** (f) | [fʀaʊ] |
| marido (m) | **Mann** (m) | [man] |
| casado (adj) | **verheiratet** | [fɛɐ'haɪʀa:tət] |
| casada (adj) | **verheiratet** | [fɛɐ'haɪʀa:tət] |
| viuda (f) | **Witwe** (f) | ['vɪtvə] |
| viudo (m) | **Witwer** (m) | ['vɪtvɐ] |

| nombre (m) | **Vorname** (m) | ['fo:ɐˌna:mə] |
| apellido (m) | **Name** (m) | ['na:mə] |

| pariente (m) | **Verwandte** (m) | [fɛɐ'vantə] |
| amigo (m) | **Freund** (m) | [fʀɔɪnt] |
| amistad (f) | **Freundschaft** (f) | ['fʀɔɪntʃaft] |

| compañero (m) | **Partner** (m) | ['paʀtnɐ] |
| superior (m) | **Vorgesetzte** (m) | ['fo:ɐgəˌzɛtstə] |
| colega (m, f) | **Kollege** (m), **Kollegin** (f) | [kɔ'le:gə], [kɔ'le:gɪn] |
| vecinos (pl) | **Nachbarn** (pl) | ['naχba:ɐn] |

## 4. El cuerpo. La anatomía humana

| organismo (m) | **Organismus** (m) | [ɔʀga'nɪsmʊs] |
| cuerpo (m) | **Körper** (m) | ['kœʀpɐ] |
| corazón (m) | **Herz** (n) | [hɛʀts] |
| sangre (f) | **Blut** (n) | [blu:t] |
| cerebro (m) | **Gehirn** (n) | [gə'hɪʀn] |
| nervio (m) | **Nerv** (m) | [nɛʀf] |
| hueso (m) | **Knochen** (m) | ['knɔχən] |
| esqueleto (m) | **Skelett** (n) | [ske'lɛt] |

| | | |
|---|---|---|
| columna (f) vertebral | **Wirbelsäule** (f) | ['vɪʁbəlˌzɔɪlə] |
| costilla (f) | **Rippe** (f) | ['ʀɪpə] |
| cráneo (m) | **Schädel** (m) | ['ʃɛːdəl] |
| | | |
| músculo (m) | **Muskel** (m) | ['mʊskəl] |
| pulmones (m pl) | **Lungen** (pl) | ['lʊŋən] |
| piel (f) | **Haut** (f) | [haʊt] |
| | | |
| cabeza (f) | **Kopf** (m) | [kɔpf] |
| cara (f) | **Gesicht** (n) | [gə'zɪçt] |
| nariz (f) | **Nase** (f) | ['naːzə] |
| frente (f) | **Stirn** (f) | [ʃtɪʁn] |
| mejilla (f) | **Wange** (f) | ['vaŋə] |
| boca (f) | **Mund** (m) | [mʊnt] |
| lengua (f) | **Zunge** (f) | ['tsʊŋə] |
| diente (m) | **Zahn** (m) | [tsaːn] |
| labios (m pl) | **Lippen** (pl) | ['lɪpən] |
| mentón (m) | **Kinn** (n) | [kɪn] |
| | | |
| oreja (f) | **Ohr** (n) | [oːɐ̯] |
| cuello (m) | **Hals** (m) | [hals] |
| garganta (f) | **Kehle** (f) | ['keːlə] |
| | | |
| ojo (m) | **Auge** (n) | ['aʊgə] |
| pupila (f) | **Pupille** (f) | [pu'pɪlə] |
| ceja (f) | **Augenbraue** (f) | ['aʊgənˌbʀaʊə] |
| pestaña (f) | **Wimper** (f) | ['vɪmpɐ] |
| | | |
| pelo, cabello (m) | **Haare** (pl) | ['haːʀə] |
| peinado (m) | **Frisur** (f) | [ˌfʀi'zuːɐ] |
| bigote (m) | **Schnurrbart** (m) | ['ʃnʊʁˌbaːɐt] |
| barba (f) | **Bart** (m) | [baːɐt] |
| tener (~ la barba) | **haben** (vt) | [haːbən] |
| calvo (adj) | **kahl** | [kaːl] |
| | | |
| mano (f) | **Hand** (f) | [hant] |
| brazo (m) | **Arm** (m) | [aʁm] |
| dedo (m) | **Finger** (m) | ['fɪŋɐ] |
| uña (f) | **Nagel** (m) | ['naːgəl] |
| palma (f) | **Handfläche** (f) | ['hantˌflɛçə] |
| | | |
| hombro (m) | **Schulter** (f) | ['ʃʊltɐ] |
| pierna (f) | **Bein** (n) | [baɪn] |
| planta (f) | **Fuß** (m) | [fuːs] |
| | | |
| rodilla (f) | **Knie** (n) | [kniː] |
| talón (m) | **Ferse** (f) | ['fɛʁzə] |
| | | |
| espalda (f) | **Rücken** (m) | ['ʀʏkən] |
| cintura (f), talle (m) | **Taille** (f) | ['taljə] |
| lunar (m) | **Leberfleck** (m) | ['leːbɐˌflɛk] |
| marca (f) de nacimiento | **Muttermal** (n) | ['mʊtɐˌmaːl] |

## 5. La medicina. Las drogas

| | | |
|---|---|---|
| salud (f) | Gesundheit (f) | [gə'zʊnthaɪt] |
| sano (adj) | gesund | [gə'zʊnt] |
| enfermedad (f) | Krankheit (f) | ['kʀaŋkhaɪt] |
| estar enfermo | krank sein | [kʀaŋk zaɪn] |
| enfermo (adj) | krank | [kʀaŋk] |
| | | |
| resfriado (m) | Erkältung (f) | [ɛɐ'kɛltʊŋ] |
| resfriarse (vr) | sich erkälten | [zɪç ɛɐ'kɛltən] |
| angina (f) | Angina (f) | [aŋ'gi:na] |
| pulmonía (f) | Lungenentzündung (f) | ['lʊŋən?ɛnt͡tsʏndʊŋ] |
| gripe (f) | Grippe (f) | ['gʀɪpə] |
| | | |
| resfriado (m) (coriza) | Schnupfen (m) | ['ʃnʊpfən] |
| tos (f) | Husten (m) | ['hu:stən] |
| toser (vi) | husten (vi) | ['hu:stən] |
| estornudar (vi) | niesen (vi) | ['ni:zən] |
| | | |
| insulto (m) | Schlaganfall (m) | ['ʃla:k?an͡fal] |
| ataque (m) cardiaco | Infarkt (m) | [ɪn'faʁkt] |
| alergia (f) | Allergie (f) | [ˌalɛʁ'gi:] |
| asma (f) | Asthma (n) | ['astma] |
| diabetes (f) | Diabetes (m) | [dia'be:tɛs] |
| | | |
| tumor (m) | Tumor (m) | ['tu:mo:ɐ] |
| cáncer (m) | Krebs (m) | [kʀe:ps] |
| alcoholismo (m) | Alkoholismus (m) | [ˌalkoho'lɪsmʊs] |
| SIDA (m) | AIDS | ['eɪts] |
| fiebre (f) | Fieber (n) | ['fi:bɐ] |
| mareo (m) | Seekrankheit (f) | ['ze:ˌkʀaŋkhaɪt] |
| | | |
| moradura (f) | blauer Fleck (m) | ['blaʊɐ flɛk] |
| chichón (m) | Beule (f) | ['bɔɪlə] |
| cojear (vi) | hinken (vi) | ['hɪŋkən] |
| dislocación (f) | Verrenkung (f) | [fɛɐ'ʀɛnkʊŋ] |
| dislocar (vt) | ausrenken (vt) | ['aʊsˌʀɛŋkən] |
| | | |
| fractura (f) | Fraktur (f) | [fʀak'tu:ɐ] |
| quemadura (f) | Verbrennung (f) | [fɛɐ'bʀɛnʊŋ] |
| herida (f) | Verletzung (f) | [fɛɐ'lɛtsʊŋ] |
| dolor (m) | Schmerz (m) | [ʃmɛʁts] |
| dolor (m) de muelas | Zahnschmerz (m) | ['tsa:nʃmɛʁts] |
| | | |
| sudar (vi) | schwitzen (vi) | ['ʃvɪtsən] |
| sordo (adj) | taub | [taʊp] |
| mudo (adj) | stumm | [ʃtʊm] |
| | | |
| inmunidad (f) | Immunität (f) | [ɪmuni'tɛ:t] |
| virus (m) | Virus (m, n) | ['vi:ʀʊs] |
| microbio (m) | Mikrobe (f) | [mi'kʀo:bə] |

| | | |
|---|---|---|
| bacteria (f) | **Bakterie** (f) | [bak'te:ʀɪə] |
| infección (f) | **Infektion** (f) | [ɪnfɛk'tsjo:n] |
| | | |
| hospital (m) | **Krankenhaus** (n) | ['kʀaŋkən‚haʊs] |
| cura (f) | **Heilung** (f) | ['haɪlʊŋ] |
| vacunar (vt) | **impfen** (vt) | ['ɪmpfən] |
| estar en coma | **im Koma liegen** | [ɪm 'ko:ma 'li:gən] |
| revitalización (f) | **Reanimation** (f) | [ʀe?anima'tsjo:n] |
| síntoma (m) | **Symptom** (n) | [zʏmp'to:m] |
| pulso (m) | **Puls** (m) | [pʊls] |

# 6. Los sentimientos. Las emociones

| | | |
|---|---|---|
| yo | **ich** | [ɪç] |
| tú | **du** | [du:] |
| él | **er** | [e:ɐ] |
| ella | **sie** | [zi:] |
| ello | **es** | [ɛs] |
| | | |
| nosotros, -as | **wir** | [vi:ɐ] |
| vosotros, -as | **ihr** | [i:ɐ] |
| Usted | **Sie** | [zi:] |
| Ustedes | **Sie** | [zi:] |
| ellos, ellas | **sie** | [zi:] |
| | | |
| ¡Hola! (fam.) | **Hallo!** | [ha'lo:] |
| ¡Hola! (form.) | **Hallo!** | [ha'lo:] |
| ¡Buenos días! | **Guten Morgen!** | ['gu:tən 'mɔʁgən] |
| ¡Buenas tardes! | **Guten Tag!** | ['gu:tən 'ta:k] |
| ¡Buenas noches! | **Guten Abend!** | ['gu:tən 'a:bənt] |
| | | |
| decir hola | **grüßen** (vi, vt) | ['gʀy:sən] |
| saludar (vt) | **begrüßen** (vt) | [bə'gʀy:sən] |
| ¿Cómo estás? | **Wie geht's?** | [‚vi: 'ge:ts] |
| ¡Chau! ¡Adiós! | **Auf Wiedersehen!** | [aʊf 'vi:dɐ‚ze:ən] |
| ¡Gracias! | **Danke!** | ['daŋkə] |
| | | |
| sentimientos (m pl) | **Gefühle** (pl) | [gə'fy:lə] |
| tener hambre | **hungrig sein** | ['hʊŋʀɪç zaɪn] |
| tener sed | **Durst haben** | ['dʊʁst 'ha:bən] |
| cansado (adj) | **müde** | ['my:də] |
| | | |
| inquietarse (vr) | **sorgen** (vi) | ['zɔʁgən] |
| estar nervioso | **nervös sein** | [nɛʁ'vø:s zaɪn] |
| esperanza (f) | **Hoffnung** (f) | ['hɔfnʊŋ] |
| esperar (tener esperanza) | **hoffen** (vi) | ['hɔfən] |
| | | |
| carácter (m) | **Charakter** (m) | [ka'ʀaktɐ] |
| modesto (adj) | **bescheiden** | [bə'ʃaɪdən] |
| perezoso (adj) | **faul** | [faʊl] |

| | | |
|---|---|---|
| generoso (adj) | **freigebig** | ['fʀaɪˌgeːbɪç] |
| talentoso (adj) | **talentiert** | [talɛn'tiːɐt] |
| | | |
| honesto (adj) | **ehrlich** | ['eːɐlɪç] |
| serio (adj) | **ernst** | [ɛʀnst] |
| tímido (adj) | **schüchtern** | ['ʃʏçtən] |
| sincero (adj) | **aufrichtig** | ['aʊfˌʀɪçtɪç] |
| cobarde (m) | **Feigling** (m) | ['faɪklɪŋ] |
| | | |
| dormir (vi) | **schlafen** (vi) | ['ʃlaːfən] |
| sueño (m) (dulces ~s) | **Traum** (m) | [tʀaʊm] |
| cama (f) | **Bett** (n) | [bɛt] |
| almohada (f) | **Kissen** (n) | ['kɪsən] |
| | | |
| insomnio (m) | **Schlaflosigkeit** (f) | ['ʃlaːfloːzɪçkaɪt] |
| irse a la cama | **schlafen gehen** | ['ʃlaːfən 'geːən] |
| pesadilla (f) | **Alptraum** (m) | ['alpˌtʀaʊm] |
| despertador (m) | **Wecker** (m) | ['vɛkɐ] |
| | | |
| sonrisa (f) | **Lächeln** (n) | ['lɛçəln] |
| sonreír (vi) | **lächeln** (vi) | ['lɛçəln] |
| reírse (vr) | **lachen** (vi) | ['laχən] |
| | | |
| disputa (f), riña (f) | **Zank** (m) | [tsaŋk] |
| insulto (m) | **Kränkung** (f) | ['kʀɛŋkʊŋ] |
| ofensa (f) | **Beleidigung** (f) | [bə'laɪdɪgʊŋ] |
| enfadado (adj) | **verärgert** | [fɛɐ'ɛʀgɐt] |

## 7. La ropa. Accesorios personales

| | | |
|---|---|---|
| ropa (f) | **Kleidung** (f) | ['klaɪdʊŋ] |
| abrigo (m) | **Mantel** (m) | ['mantəl] |
| abrigo (m) de piel | **Pelzmantel** (m) | ['pɛltsˌmantəl] |
| cazadora (f) | **Jacke** (f) | ['jakə] |
| impermeable (m) | **Regenmantel** (m) | ['ʀeːgənˌmantəl] |
| camisa (f) | **Hemd** (n) | [hɛmt] |
| pantalones (m pl) | **Hose** (f) | ['hoːzə] |
| chaqueta (f), saco (m) | **Jackett** (n) | [ʒa'kɛt] |
| traje (m) | **Anzug** (m) | ['anˌtsuːk] |
| | | |
| vestido (m) | **Kleid** (n) | [klaɪt] |
| falda (f) | **Rock** (m) | [ʀɔk] |
| camiseta (f) (T-shirt) | **T-Shirt** (n) | ['tiː ʃøːɐt] |
| bata (f) de baño | **Bademantel** (m) | ['baːdəˌmantəl] |
| pijama (m) | **Schlafanzug** (m) | ['ʃlaːfʔanˌtsuːk] |
| ropa (f) de trabajo | **Arbeitskleidung** (f) | ['aʀbaɪtsˌklaɪdʊŋ] |
| | | |
| ropa (f) interior | **Unterwäsche** (f) | ['ʊntɐˌvɛʃə] |
| calcetines (m pl) | **Socken** (pl) | ['zɔkən] |
| sostén (m) | **Büstenhalter** (m) | ['bʏstənˌhaltɐ] |

| | | |
|---|---|---|
| pantimedias (f pl) | Strumpfhose (f) | ['ʃtʀʊmpf,ho:zə] |
| medias (f pl) | Strümpfe (pl) | ['ʃtʀʏmpfə] |
| traje (m) de baño | Badeanzug (m) | ['ba:də,'antsu:k] |

| | | |
|---|---|---|
| gorro (m) | Mütze (f) | ['mʏtsə] |
| calzado (m) | Schuhe (pl) | ['ʃu:ə] |
| botas (f pl) altas | Stiefel (pl) | ['ʃti:fəl] |
| tacón (m) | Absatz (m) | ['ap,zats] |
| cordón (m) | Schnürsenkel (m) | ['ʃny:ɐ,sɛŋkəl] |
| betún (m) | Schuhcreme (f) | ['ʃu:,kʀɛ:m] |

| | | |
|---|---|---|
| algodón (m) | Baumwolle (f) | ['baʊm,vɔlə] |
| lana (f) | Wolle (f) | ['vɔlə] |
| piel (f) (~ de zorro, etc.) | Pelz (m) | [pɛlts] |

| | | |
|---|---|---|
| guantes (m pl) | Handschuhe (pl) | ['hant,ʃu:ə] |
| manoplas (f pl) | Fausthandschuhe (pl) | ['faʊst·hant,ʃu:ə] |
| bufanda (f) | Schal (m) | [ʃa:l] |
| gafas (f pl) | Brille (f) | ['bʀɪlə] |
| paraguas (m) | Regenschirm (m) | ['ʀe:gən,ʃɪɐm] |

| | | |
|---|---|---|
| corbata (f) | Krawatte (f) | [kʀa'vatə] |
| moquero (m) | Taschentuch (n) | ['taʃən,tu:χ] |
| peine (m) | Kamm (m) | [kam] |
| cepillo (m) de pelo | Haarbürste (f) | ['ha:ɐ,bʏʀstə] |
| hebilla (f) | Schnalle (f) | ['ʃnalə] |
| cinturón (m) | Gürtel (m) | ['gʏʀtəl] |
| bolso (m) | Handtasche (f) | ['hant,taʃə] |

| | | |
|---|---|---|
| cuello (m) | Kragen (m) | ['kʀa:gən] |
| bolsillo (m) | Tasche (f) | ['taʃə] |
| manga (f) | Ärmel (m) | ['ɛʀməl] |
| bragueta (f) | Hosenschlitz (m) | ['ho:zən,ʃlɪts] |

| | | |
|---|---|---|
| cremallera (f) | Reißverschluss (m) | ['ʀaɪs·fɛɐ,ʃlʊs] |
| botón (m) | Knopf (m) | [knɔpf] |
| ensuciarse (vr) | sich beschmutzen | [zɪç bə'ʃmʊtsən] |
| mancha (f) | Fleck (m) | [flɛk] |

## 8. La ciudad. Las instituciones urbanas

| | | |
|---|---|---|
| tienda (f) | Laden (m) | ['la:dən] |
| centro (m) comercial | Einkaufszentrum (n) | ['aɪnkaʊfs,tsɛntʀʊm] |
| supermercado (m) | Supermarkt (m) | ['zu:pɐ,maʀkt] |
| zapatería (f) | Schuhgeschäft (n) | ['ʃu:gə,ʃɛft] |
| librería (f) | Buchhandlung (f) | ['bu:χ,handlʊŋ] |

| | | |
|---|---|---|
| farmacia (f) | Apotheke (f) | [apo'te:kə] |
| panadería (f) | Bäckerei (f) | [,bɛkə'ʀaɪ] |
| pastelería (f) | Konditorei (f) | [,kɔndito'ʀaɪ] |

| | | |
|---|---|---|
| tienda (f) de comestibles | **Lebensmittelladen** (m) | ['le:bəns,mɪtəl·la:dən] |
| carnicería (f) | **Metzgerei** (f) | [mɛtsgə'ʀaɪ] |
| verdulería (f) | **Gemüseladen** (m) | [gə'my:zə,la:dən] |
| mercado (m) | **Markt** (m) | [maʀkt] |
| | | |
| peluquería (f) | **Friseursalon** (m) | [fʀi'zø:ɐ·za,lɔn] |
| oficina (f) de correos | **Post** (f) | [pɔst] |
| tintorería (f) | **chemische Reinigung** (f) | [çe:miʃə 'ʀaɪnɪgʊn] |
| circo (m) | **Zirkus** (m) | ['tsɪʀkʊs] |
| zoológico (m) | **Zoo** (m) | ['tso:] |
| teatro (m) | **Theater** (n) | [te'a:tə] |
| cine (m) | **Kino** (n) | ['ki:no] |
| museo (m) | **Museum** (n) | [mu'ze:ʊm] |
| biblioteca (f) | **Bibliothek** (f) | [biblio'te:k] |
| | | |
| mezquita (f) | **Moschee** (f) | [mɔ'ʃe:] |
| sinagoga (f) | **Synagoge** (f) | [zyna'go:gə] |
| catedral (f) | **Kathedrale** (f) | [kate'dʀa:lə] |
| templo (m) | **Tempel** (m) | ['tɛmpəl] |
| iglesia (f) | **Kirche** (f) | ['kɪʀçə] |
| | | |
| instituto (m) | **Institut** (n) | [ɪnsti'tu:t] |
| universidad (f) | **Universität** (f) | [univɛʀzi'tɛ:t] |
| escuela (f) | **Schule** (f) | ['ʃu:lə] |
| | | |
| hotel (m) | **Hotel** (n) | [ho'tɛl] |
| banco (m) | **Bank** (f) | [baŋk] |
| embajada (f) | **Botschaft** (f) | ['bo:tʃaft] |
| agencia (f) de viajes | **Reisebüro** (n) | ['ʀaɪzə·by,ʀo:] |
| | | |
| metro (m) | **U-Bahn** (f) | ['u:ba:n] |
| hospital (m) | **Krankenhaus** (n) | ['kʀaŋkən,haʊs] |
| | | |
| gasolinera (f) | **Tankstelle** (f) | ['taŋk,ʃtɛlə] |
| aparcamiento (m) | **Parkplatz** (m) | ['paʀk,plats] |
| | | |
| ENTRADA | **EINGANG** | ['aɪn,gaŋ] |
| SALIDA | **AUSGANG** | ['aʊs,gaŋ] |
| EMPUJAR | **DRÜCKEN** | ['dʀʏkən] |
| TIRAR | **ZIEHEN** | ['tsi:ən] |
| | | |
| ABIERTO | **GEÖFFNET** | [gə'ʔœfnət] |
| CERRADO | **GESCHLOSSEN** | [gə'ʃlɔsən] |
| | | |
| monumento (m) | **Denkmal** (n) | ['dɛŋk,ma:l] |
| fortaleza (f) | **Festung** (f) | ['fɛstʊŋ] |
| palacio (m) | **Palast** (m) | [pa'last] |
| | | |
| medieval (adj) | **mittelalterlich** | ['mɪtəl,ʔaltɐlɪç] |
| antiguo (adj) | **alt** | [alt] |
| nacional (adj) | **national** | [natsjɔ'na:l] |
| conocido (adj) | **berühmt** | [bə'ʀy:mt] |

## 9. El dinero. Las finanzas

| | | |
|---|---|---|
| dinero (m) | Geld (n) | [gɛlt] |
| moneda (f) | Münze (f) | ['mʏntsə] |
| dólar (m) | Dollar (m) | ['dɔlaʁ] |
| euro (m) | Euro (m) | ['ɔɪʀo] |
| | | |
| cajero (m) automático | Geldautomat (m) | ['gɛlt?aʊto͵maːt] |
| oficina (f) de cambio | Wechselstube (f) | ['vɛksəlʃtuːbə] |
| curso (m) | Kurs (m) | [kʊʁs] |
| dinero (m) en efectivo | Bargeld (n) | ['baːɐ͵gɛlt] |
| ¿Cuánto? | Wie viel? | ['viː fiːl] |
| pagar (vi, vt) | zahlen (vt) | ['tsaːlən] |
| pago (m) | Lohn (m) | [loːn] |
| cambio (m) (devolver el ~) | Wechselgeld (n) | ['vɛksəl͵gɛlt] |
| | | |
| precio (m) | Preis (m) | [pʀaɪs] |
| descuento (m) | Rabatt (m) | [ʀa'bat] |
| barato (adj) | billig | ['bɪlɪç] |
| caro (adj) | teuer | ['tɔɪɐ] |
| | | |
| banco (m) | Bank (f) | [baŋk] |
| cuenta (f) | Konto (n) | ['kɔnto] |
| tarjeta (f) de crédito | Kreditkarte (f) | [kʀe'diːt͵kaʁtə] |
| cheque (m) | Scheck (m) | [ʃɛk] |
| sacar un cheque | einen Scheck schreiben | ['aɪnən ʃɛk 'ʃʀaɪbn] |
| talonario (m) | Scheckbuch (n) | ['ʃɛk͵buːx] |
| | | |
| deuda (f) | Schulden (pl) | ['ʃʊldən] |
| deudor (m) | Schuldner (m) | ['ʃʊldnɐ] |
| prestar (vt) | leihen (vt) | ['laɪən] |
| tomar prestado | ausleihen (vt) | ['aʊs͵laɪən] |
| | | |
| alquilar (vt) | ausleihen (vt) | ['aʊs͵laɪən] |
| a crédito (adv) | auf Kredit | [aʊf kʀe'diːt] |
| cartera (f) | Geldtasche (f) | ['gɛlt͵taʃə] |
| caja (f) fuerte | Safe (m) | [sɛɪf] |
| herencia (f) | Erbschaft (f) | ['ɛʁpʃaft] |
| fortuna (f) | Vermögen (n) | [fɛɐ'møːgən] |
| | | |
| impuesto (m) | Steuer (f) | ['ʃtɔɪɐ] |
| multa (f) | Geldstrafe (f) | ['gɛltʃtʀaːfə] |
| multar (vt) | bestrafen (vt) | [bə'ʃtʀaːfən] |
| | | |
| al por mayor (adj) | Großhandels- | ['gʀoːs͵handəls] |
| al por menor (adj) | Einzelhandels- | ['aɪntsəl͵handəls] |
| asegurar (vt) | versichern (vt) | [fɛɐ'zɪçɐn] |
| seguro (m) | Versicherung (f) | [fɛɐ'zɪçəʀʊŋ] |
| | | |
| capital (m) | Kapital (n) | [kapi'taːl] |
| volumen (m) de negocio | Umsatz (m) | ['ʊm͵zats] |

| acción (f) | **Aktie** (f) | ['aktsiə] |
| beneficio (m) | **Gewinn** (m) | [gə'vɪn] |
| beneficioso (adj) | **gewinnbringend** | [gə'vɪnˌbʀɪŋənt] |

| crisis (f) | **Krise** (f) | ['kʀiːzə] |
| bancarrota (f) | **Bankrott** (m) | [baŋ'kʀɔt] |
| ir a la bancarrota | **Bankrott machen** | [baŋ'kʀɔt 'maxən] |

| contable (m) | **Buchhalter** (m) | ['buːxˌhaltɐ] |
| salario (m) | **Lohn** (m) | [loːn] |
| premio (m) | **Prämie** (f) | ['pʀɛːmɪə] |

## 10. El transporte

| autobús (m) | **Bus** (m) | [bʊs] |
| tranvía (m) | **Straßenbahn** (f) | ['ʃtʀaːsənˌbaːn] |
| trolebús (m) | **Obus** (m) | ['oːbʊs] |

| ir en … | **mit … fahren** | [mɪt … 'faːʀən] |
| tomar (~ el autobús) | **einsteigen** (vi) | ['aɪnˌʃtaɪgən] |
| bajar (~ del tren) | **aussteigen** (vi) | ['aʊsˌʃtaɪgən] |

| parada (f) | **Haltestelle** (f) | ['haltəˌʃtɛlə] |
| parada (f) final | **Endhaltestelle** (f) | ['ɛntˌhaltəʃtɛlə] |
| horario (m) | **Fahrplan** (m) | ['faːɐˌplaːn] |
| billete (m) | **Fahrkarte** (f) | ['faːɐˌkaʀtə] |
| llegar tarde (vi) | **sich verspäten** | [zɪç fɛɐ'ʃpɛːtən] |

| taxi (m) | **Taxi** (n) | ['taksi] |
| en taxi | **mit dem Taxi** | [mɪt dem 'taksi] |
| parada (f) de taxi | **Taxistand** (m) | ['taksiˌʃtant] |

| tráfico (m) | **Straßenverkehr** (m) | ['ʃtʀaːsən·fɛɐˌkeːɐ] |
| horas (f pl) de punta | **Hauptverkehrszeit** (f) | ['haʊpt·fɛɐ'keːɐsˌtsaɪt] |
| aparcar (vi) | **parken** (vi) | ['paʀkən] |

| metro (m) | **U-Bahn** (f) | ['uːbaːn] |
| estación (f) | **Station** (f) | [ʃta'tsjoːn] |
| tren (m) | **Zug** (m) | [tsuːk] |
| estación (f) | **Bahnhof** (m) | ['baːnˌhoːf] |
| rieles (m pl) | **Schienen** (pl) | ['ʃiːnən] |
| compartimiento (m) | **Abteil** (n) | [ap'taɪl] |
| litera (f) | **Liegeplatz** (m), **Schlafkoje** (f) | ['liːgəˌplats], ['ʃlaːfˌkoːjə] |

| avión (m) | **Flugzeug** (n) | ['fluːkˌtsɔɪk] |
| billete (m) de avión | **Flugticket** (n) | ['fluːkˌtɪkət] |
| compañía (f) aérea | **Fluggesellschaft** (f) | ['fluːkgəˌzɛlʃaft] |
| aeropuerto (m) | **Flughafen** (m) | ['fluːkˌhaːfən] |
| vuelo (m) | **Flug** (m) | [fluːk] |

| equipaje (m) | Gepäck (n) | [gə'pɛk] |
| carrito (m) de equipaje | Kofferkuli (m) | ['kɔfeˌkuːli] |

| barco, buque (m) | Schiff (n) | [ʃɪf] |
| trasatlántico (m) | Kreuzfahrtschiff (n) | ['kʀɔɪtsfaːetˌʃɪf] |
| yate (m) | Jacht (f) | [jaχt] |
| bote (m) de remo | Boot (n) | ['boːt] |

| capitán (m) | Kapitän (m) | [kapi'tɛn] |
| camarote (m) | Kajüte (f) | [ka'jyːtə] |
| puerto (m) | Hafen (m) | ['haːfən] |

| bicicleta (f) | Fahrrad (n) | ['faːeˌʀaːt] |
| scooter (m) | Motorroller (m) | ['moːtoːeˌʀɔlɐ] |
| motocicleta (f) | Motorrad (n) | ['moːtoːeˌʀaːt] |
| pedal (m) | Pedal (n) | [pe'daːl] |
| bomba (f) | Pumpe (f) | ['pʊmpə] |
| rueda (f) | Rad (n) | [ʀaːt] |

| coche (m) | Auto (n) | ['aʊto] |
| ambulancia (f) | Krankenwagen (m) | ['kʀaŋkənˌvaːgən] |
| camión (m) | Lastkraftwagen (m) | ['lastkʀaftˌvaːgən] |
| de ocasión (adj) | gebraucht | [gə'bʀaʊχt] |
| accidente (m) | Unfall (m) | ['ʊnfal] |
| reparación (f) | Reparatur (f) | [ʀepaʀa'tuːɐ] |

## 11. La comida. Unidad 1

| carne (f) | Fleisch (n) | [flaɪʃ] |
| gallina (f) | Hühnerfleisch (n) | ['hyːneˌflaɪʃ] |
| pato (m) | Ente (f) | ['ɛntə] |

| carne (f) de cerdo | Schweinefleisch (n) | ['ʃvaɪnəˌflaɪʃ] |
| carne (f) de ternera | Kalbfleisch (n) | ['kalpˌflaɪʃ] |
| carne (f) de carnero | Hammelfleisch (n) | ['haməlˌflaɪʃ] |
| carne (f) de vaca | Rindfleisch (n) | ['ʀɪntˌflaɪʃ] |

| salchichón (m) | Wurst (f) | [vʊʁst] |
| huevo (m) | Ei (n) | [aɪ] |
| pescado (m) | Fisch (m) | [fɪʃ] |
| queso (m) | Käse (m) | ['kɛːzə] |
| azúcar (m) | Zucker (m) | ['tsʊkɐ] |
| sal (f) | Salz (n) | [zalts] |

| arroz (m) | Reis (m) | [ʀaɪs] |
| macarrones (m pl) | Teigwaren (pl) | ['taɪkˌvaːʀən] |
| mantequilla (f) | Butter (f) | ['bʊtɐ] |
| aceite (m) vegetal | Pflanzenöl (n) | ['pflantsənˌʔøːl] |
| pan (m) | Brot (n) | [bʀoːt] |
| chocolate (m) | Schokolade (f) | [ʃoko'laːdə] |

| | | |
|---|---|---|
| vino (m) | Wein (m) | [vaɪn] |
| café (m) | Kaffee (m) | ['kafe] |
| leche (f) | Milch (f) | [mɪlç] |
| zumo (m), jugo (m) | Saft (m) | [zaft] |
| cerveza (f) | Bier (n) | [biːɐ] |
| té (m) | Tee (m) | [teː] |

| | | |
|---|---|---|
| tomate (m) | Tomate (f) | [to'maːtə] |
| pepino (m) | Gurke (f) | ['guʁkə] |
| zanahoria (f) | Karotte (f) | [ka'ʁɔtə] |
| patata (f) | Kartoffel (f) | [kaʁ'tɔfəl] |
| cebolla (f) | Zwiebel (f) | ['tsviːbəl] |
| ajo (m) | Knoblauch (m) | ['knoːpˌlaʊx] |

| | | |
|---|---|---|
| col (f) | Kohl (m) | [koːl] |
| remolacha (f) | Rote Bete (f) | [ˌʁoːtə'beːtə] |
| berenjena (f) | Aubergine (f) | [ˌobɛʁ'ʒiːnə] |
| eneldo (m) | Dill (m) | [dɪl] |
| lechuga (f) | Kopf Salat (m) | [kɔpf za'laːt] |
| maíz (m) | Mais (m) | ['maɪs] |

| | | |
|---|---|---|
| fruto (m) | Frucht (f) | [fʁʊxt] |
| manzana (f) | Apfel (m) | ['apfəl] |
| pera (f) | Birne (f) | ['bɪʁnə] |
| limón (m) | Zitrone (f) | [tsi'tʁoːnə] |
| naranja (f) | Apfelsine (f) | [apfəl'ziːnə] |
| fresa (f) | Erdbeere (f) | ['eːɐtˌbeːʁə] |

| | | |
|---|---|---|
| ciruela (f) | Pflaume (f) | ['pflaʊmə] |
| frambuesa (f) | Himbeere (f) | ['hɪmˌbeːʁə] |
| piña (f) | Ananas (f) | ['ananas] |
| banana (f) | Banane (f) | [ba'naːnə] |
| sandía (f) | Wassermelone (f) | ['vasɐmeˌloːnə] |
| uva (f) | Weintrauben (pl) | ['vaɪnˌtʁaʊbən] |
| melón (m) | Melone (f) | [me'loːnə] |

## 12. La comida. Unidad 2

| | | |
|---|---|---|
| cocina (f) | Küche (f) | ['kʏçə] |
| receta (f) | Rezept (n) | [ʁe'tsɛpt] |
| comida (f) | Essen (n) | ['ɛsən] |

| | | |
|---|---|---|
| desayunar (vi) | frühstücken (vi) | ['fʁyːʃtʏkən] |
| almorzar (vi) | zu Mittag essen | [tsu 'mɪtaːk 'ɛsən] |
| cenar (vi) | zu Abend essen | [tsu 'aːbənt 'ɛsən] |

| | | |
|---|---|---|
| sabor (m) | Geschmack (m) | [gə'ʃmak] |
| sabroso (adj) | lecker | ['lɛkɐ] |
| frío (adj) | kalt | [kalt] |
| caliente (adj) | heiß | [haɪs] |

| azucarado, dulce (adj) | süß | [zy:s] |
| salado (adj) | salzig | ['zaltsɪç] |

| bocadillo (m) | belegtes Brot (n) | [bə'le:ktəs bʀo:t] |
| guarnición (f) | Beilage (f) | ['baɪˌla:gə] |
| relleno (m) | Füllung (f) | ['fʏlʊŋ] |
| salsa (f) | Soße (f) | ['zo:sə] |
| pedazo (m) | Stück (n) | [ʃtʏk] |
| dieta (f) | Diät (f) | [di'ɛ:t] |
| vitamina (f) | Vitamin (n) | [vita'mi:n] |
| caloría (f) | Kalorie (f) | [kalo'ʀi:] |
| vegetariano (m) | Vegetarier (m) | [vege'ta:ʀɪɐ] |

| restaurante (m) | Restaurant (n) | [ʀɛsto'ʀaŋ] |
| cafetería (f) | Kaffeehaus (n) | [ka'fe:ˌhaʊs] |
| apetito (m) | Appetit (m) | [ape'ti:t] |
| ¡Que aproveche! | Guten Appetit! | [ˌgutən ˌʔapə'ti:t] |

| camarero (m) | Kellner (m) | ['kɛlnɐ] |
| camarera (f) | Kellnerin (f) | ['kɛlnəʀɪn] |
| barman (m) | Barmixer (m) | ['ba:ɐˌmɪksɐ] |
| carta (f), menú (m) | Speisekarte (f) | ['ʃpaɪzəˌkaʀtə] |
| cuchara (f) | Löffel (m) | ['lœfəl] |
| cuchillo (m) | Messer (n) | ['mɛsɐ] |
| tenedor (m) | Gabel (f) | [ga:bəl] |
| taza (f) | Tasse (f) | ['tasə] |

| plato (m) | Teller (m) | ['tɛlɐ] |
| platillo (m) | Untertasse (f) | ['ʊnteˌtasə] |
| servilleta (f) | Serviette (f) | [zɛʀ'vɪɛtə] |
| mondadientes (m) | Zahnstocher (m) | ['tsa:nˌʃtɔχɐ] |

| pedir (vt) | bestellen (vt) | [bə'ʃtɛlən] |
| plato (m) | Gericht (n) | [gə'ʀɪçt] |
| porción (f) | Portion (f) | [pɔʀ'tsjo:n] |
| entremés (m) | Vorspeise (f) | ['fo:ɐˌʃpaɪzə] |
| ensalada (f) | Salat (m) | [za'la:t] |
| sopa (f) | Suppe (f) | ['zʊpə] |

| postre (m) | Nachtisch (m) | ['na:χˌtɪʃ] |
| confitura (f) | Konfitüre (f) | [ˌkɔnfi'ty:ʀə] |
| helado (m) | Eis (n) | [aɪs] |
| cuenta (f) | Rechnung (f) | ['ʀɛçnʊŋ] |
| pagar la cuenta | Rechnung bezahlen | ['ʀɛçnʊŋ bə'tsa:lən] |
| propina (f) | Trinkgeld (n) | ['tʀɪŋkˌgɛlt] |

## 13. La casa. El apartamento. Unidad 1

| casa (f) | Haus (n) | [haʊs] |
| casa (f) de campo | Landhaus (n) | ['lantˌhaʊs] |

| | | |
|---|---|---|
| villa (f) | **Villa** (f) | ['vɪla] |
| piso (m), planta (f) | **Stock** (m) | [ʃtɔk] |
| entrada (f) | **Eingang** (m) | ['aɪnˌgaŋ] |
| pared (f) | **Wand** (f) | [vant] |
| techo (m) | **Dach** (n) | [daχ] |
| chimenea (f) | **Schlot** (m) | [ʃloːt] |
| | | |
| desván (m) | **Dachboden** (m) | ['daχˌboːdən] |
| ventana (f) | **Fenster** (n) | ['fɛnstɐ] |
| alféizar (m) | **Fensterbrett** (n) | ['fɛnstɐˌbʀɛt] |
| balcón (m) | **Balkon** (m) | [bal'koːn] |
| | | |
| escalera (f) | **Treppe** (f) | ['tʀɛpə] |
| buzón (m) | **Briefkasten** (m) | ['bʀiːfˌkastən] |
| contenedor (m) de basura | **Müllkasten** (m) | ['mʏlˌkastən] |
| ascensor (m) | **Aufzug** (m), **Fahrstuhl** (m) | ['aʊfˌtsuːk], ['faːɐ̯ʃtuːl] |
| | | |
| electricidad (f) | **Elektrizität** (f) | [elɛktʀitsi'tɛːt] |
| bombilla (f) | **Glühbirne** (f) | ['glyːˌbɪʁnə] |
| interruptor (m) | **Schalter** (m) | ['ʃaltɐ] |
| enchufe (m) | **Steckdose** (f) | ['ʃtɛkˌdoːzə] |
| fusible (m) | **Sicherung** (f) | ['zɪçəʀʊŋ] |
| | | |
| puerta (f) | **Tür** (f) | [tyːɐ̯] |
| tirador (m) | **Griff** (m) | [gʀɪf] |
| llave (f) | **Schlüssel** (m) | ['ʃlʏsəl] |
| felpudo (m) | **Fußmatte** (f) | ['fuːsˌmatə] |
| | | |
| cerradura (f) | **Schloss** (n) | [ʃlɔs] |
| timbre (m) | **Türklingel** (f) | ['tyːɐ̯ˌklɪŋəl] |
| toque (m) a la puerta | **Klopfen** (n) | ['klɔpfən] |
| tocar la puerta | **anklopfen** (vi) | ['anˌklɔpfən] |
| mirilla (f) | **Türspion** (m) | ['tyːɐ̯ʃpiˌoːn] |
| | | |
| patio (m) | **Hof** (m) | [hoːf] |
| jardín (m) | **Garten** (m) | ['gaʁtən] |
| piscina (f) | **Schwimmbad** (n) | ['ʃvɪmbaːt] |
| gimnasio (m) | **Kraftraum** (m) | ['kʀaftˌʀaʊm] |
| cancha (f) de tenis | **Tennisplatz** (m) | ['tɛnɪsˌplats] |
| garaje (m) | **Garage** (f) | [ga'ʀaːʒə] |
| | | |
| propiedad (f) privada | **Privateigentum** (n) | [pʀi'vaːtˌʔaɪgəntuːm] |
| letrero (m) de aviso | **Warnschild** (n) | ['vaʁnˌʃɪlt] |
| seguridad (f) | **Bewachung** (f) | [bə'vaχʊŋ] |
| guardia (m) de seguridad | **Wächter** (m) | ['vɛçtɐ] |
| | | |
| renovación (f) | **Renovierung** (f) | [ʀeno'viːʀʊŋ] |
| renovar (vt) | **renovieren** (vt) | [ʀeno'viːʀən] |
| poner en orden | **in Ordnung bringen** | [ɪn 'ɔʁdnʊŋ 'bʀɪŋən] |
| pintar (las paredes) | **streichen** (vt) | ['ʃtʀaɪçən] |
| empapelado (m) | **Tapete** (f) | [ta'peːtə] |
| cubrir con barniz | **lackieren** (vt) | [la'kiːʀən] |

| tubo (m) | Rohr (n) | [ʀoːɐ] |
| instrumentos (m pl) | Werkzeuge (pl) | ['vɛʁk͜tsɔɪɡə] |
| sótano (m) | Keller (m) | ['kɛlɐ] |
| alcantarillado (m) | Kanalisation (f) | [kanaliza'tsjoːn] |

## 14. La casa. El apartamento. Unidad 2

| apartamento (m) | Wohnung (f) | ['voːnʊŋ] |
| habitación (f) | Zimmer (n) | ['tsɪmɐ] |
| dormitorio (m) | Schlafzimmer (n) | ['ʃlaːf͜tsɪmɐ] |
| comedor (m) | Esszimmer (n) | ['ɛs͜tsɪmɐ] |

| salón (m) | Wohnzimmer (n) | ['voːn͜tsɪmɐ] |
| despacho (m) | Arbeitszimmer (n) | ['aʁbaɪts͜tsɪmɐ] |
| antecámara (f) | Vorzimmer (n) | ['foːɐ͜tsɪmɐ] |
| cuarto (m) de baño | Badezimmer (n) | ['baːdə͜tsɪmɐ] |
| servicio (m) | Toilette (f) | [toa'lɛtə] |

| suelo (m) | Fußboden (m) | ['fuːs͜boːdən] |
| techo (m) | Decke (f) | ['dɛkə] |

| limpiar el polvo | Staub abwischen | [ʃtaʊp 'ap͜vɪʃən] |
| aspirador (m), aspiradora (f) | Staubsauger (m) | ['ʃtaʊp͜zaʊɡɐ] |
| limpiar con la aspiradora | Staub saugen | [ʃtaʊp 'zaʊɡən] |

| fregona (f) | Schrubber (m) | ['ʃʀʊbɐ] |
| trapo (m) | Lappen (m) | ['lapən] |
| escoba (f) | Besen (m) | ['beːzən] |
| cogedor (m) | Kehrichtschaufel (f) | ['keːʀɪçt͜ʃaʊfəl] |
| muebles (m pl) | Möbel (n) | ['møːbəl] |
| mesa (f) | Tisch (m) | [tɪʃ] |
| silla (f) | Stuhl (m) | [ʃtuːl] |
| sillón (m) | Sessel (m) | ['zɛsəl] |

| librería (f) | Bücherschrank (m) | ['byːçɐ͜ʃʀaŋk] |
| estante (m) | Regal (n) | [ʀe'ɡaːl] |
| armario (m) | Schrank (m) | [ʃʀaŋk] |

| espejo (m) | Spiegel (m) | ['ʃpiːɡəl] |
| tapiz (m) | Teppich (m) | ['tɛpɪç] |
| chimenea (f) | Kamin (m) | [ka'miːn] |
| cortinas (f pl) | Vorhänge (pl) | ['foːɐhɛŋə] |
| lámpara (f) de mesa | Tischlampe (f) | ['tɪʃ͜lampə] |
| lámpara (f) de araña | Kronleuchter (m) | ['kʀoːn͜lɔɪçtɐ] |

| cocina (f) | Küche (f) | ['kʏçə] |
| cocina (f) de gas | Gasherd (m) | ['gaːs͜heːɐt] |
| cocina (f) eléctrica | Elektroherd (m) | [e'lɛktʀo͜heːɐt] |
| horno (m) microondas | Mikrowellenherd (m) | ['mikʀovɛlən͜heːɐt] |
| frigorífico (m) | Kühlschrank (m) | ['kyːlʃʀaŋk] |

| | | |
|---|---|---|
| congelador (m) | **Tiefkühltruhe** (f) | ['ti:fky:l͜tʀu:ə] |
| lavavajillas (m) | **Geschirrspülmaschine** (f) | [gə'ʃɪʁ·ʃpy:l·maʃi:nə] |
| grifo (m) | **Wasserhahn** (m) | ['vasɐˌha:n] |
| | | |
| picadora (f) de carne | **Fleischwolf** (m) | ['flaɪʃvɔlf] |
| exprimidor (m) | **Saftpresse** (f) | ['zaftˌpʀɛsə] |
| tostador (m) | **Toaster** (m) | ['to:stɐ] |
| batidora (f) | **Mixer** (m) | ['mɪksɐ] |
| | | |
| cafetera (f) (aparato de cocina) | **Kaffeemaschine** (f) | ['kafe·maʃi:nə] |
| hervidor (m) de agua | **Wasserkessel** (m) | ['vasɐˌkɛsəl] |
| tetera (f) | **Teekanne** (f) | ['te:ˌkanə] |
| | | |
| televisor (m) | **Fernseher** (m) | ['fɛʁnˌze:ɐ] |
| vídeo (m) | **Videorekorder** (m) | ['video·ʀeˌkɔʁdɐ] |
| plancha (f) | **Bügeleisen** (n) | ['by:gəlˌʔaɪzən] |
| teléfono (m) | **Telefon** (n) | [tele'fo:n] |

## 15. Los trabajos. El estatus social

| | | |
|---|---|---|
| director (m) | **Direktor** (m) | [di'ʀɛkto:ɐ] |
| superior (m) | **Vorgesetzte** (m) | ['fo:ɐgəˌzɛtstə] |
| presidente (m) | **Präsident** (m) | [pʀɛzi'dɛnt] |
| asistente (m) | **Helfer** (m) | ['hɛlfɐ] |
| secretario, -a (m, f) | **Sekretär** (m) | [zekʀe'tɛ:ɐ] |
| | | |
| propietario (m) | **Besitzer** (m) | [bə'zɪtsɐ] |
| socio (m) | **Partner** (m) | ['paʁtnɐ] |
| accionista (m) | **Aktionär** (m) | [aktsjo'nɛ:ɐ] |
| | | |
| hombre (m) de negocios | **Geschäftsmann** (m) | [gə'ʃɛftsˌman] |
| millonario (m) | **Millionär** (m) | [mɪljo'nɛ:ɐ] |
| multimillonario (m) | **Milliardär** (m) | [ˌmɪlɪaʁ'dɛ:ɐ] |
| | | |
| actor (m) | **Schauspieler** (m) | ['ʃaʊʃpi:lɐ] |
| arquitecto (m) | **Architekt** (m) | [aʁçi'tɛkt] |
| banquero (m) | **Bankier** (m) | [baŋ'kɪe:] |
| broker (m) | **Makler** (m) | ['ma:klɐ] |
| veterinario (m) | **Tierarzt** (m) | ['ti:ɐˌʔaʁtst] |
| médico (m) | **Arzt** (m) | [aʁtst] |
| camarera (f) | **Zimmermädchen** (n) | ['tsɪmɐˌmɛ:tçən] |
| diseñador (m) | **Designer** (m) | [di'zaɪnɐ] |
| corresponsal (m) | **Korrespondent** (m) | [kɔʀɛspɔn'dɛnt] |
| repartidor (m) | **Ausfahrer** (m) | ['aʊsˌfa:ʀɐ] |
| | | |
| electricista (m) | **Elektriker** (m) | [ˌeˈlɛktʀikɐ] |
| músico (m) | **Musiker** (m) | ['mu:zikɐ] |
| niñera (f) | **Kinderfrau** (f) | ['kɪndɐˌfʀaʊ] |
| peluquero (m) | **Friseur** (m) | [fʀi'zø:ɐ] |

| | | |
|---|---|---|
| pastor (m) | Hirt (m) | [hɪʁt] |
| cantante (m) | Sänger (m) | ['zɛŋɐ] |
| traductor (m) | Übersetzer (m) | [ˌyːbɐ'zɛtsɐ] |
| escritor (m) | Schriftsteller (m) | ['ʃʁɪftˌʃtɛlɐ] |
| carpintero (m) | Zimmermann (m) | ['tsɪmɐˌman] |
| cocinero (m) | Koch (m) | [kɔχ] |
| | | |
| bombero (m) | Feuerwehrmann (m) | ['fɔɪɐveːɐˌman] |
| policía (m) | Polizist (m) | [poli'tsɪst] |
| cartero (m) | Briefträger (m) | ['bʁiːfˌtʁɛːgɐ] |
| programador (m) | Programmierer (m) | [pʁogʁa'miːʁɐ] |
| vendedor (m) | Verkäufer (m) | [fɛɐ'kɔɪfɐ] |
| | | |
| obrero (m) | Arbeiter (m) | ['aʁbaɪtɐ] |
| jardinero (m) | Gärtner (m) | ['gɛʁtnɐ] |
| fontanero (m) | Klempner (m) | ['klɛmpnɐ] |
| dentista (m) | Zahnarzt (m) | ['tsaːnˌʔaʁtst] |
| azafata (f) | Flugbegleiterin (f) | ['fluːkbəˌglaɪtəʁɪn] |
| | | |
| bailarín (m) | Tänzer (m) | ['tɛntsɐ] |
| guardaespaldas (m) | Leibwächter (m) | ['laɪpˌvɛçtɐ] |
| científico (m) | Wissenschaftler (m) | ['vɪsənʃaftlɐ] |
| profesor (m)<br>(~ de baile, etc.) | Lehrer (m) | ['leːʁɐ] |
| | | |
| granjero (m) | Farmer (m) | ['faʁmɐ] |
| cirujano (m) | Chirurg (m) | [çi'ʁuʁk] |
| minero (m) | Bergarbeiter (m) | ['bɛʁkʔaʁˌbaɪtɐ] |
| jefe (m) de cocina | Chefkoch (m) | ['ʃɛfˌkɔχ] |
| chofer (m) | Fahrer (m) | ['faːʁɐ] |

## 16. Los deportes

| | | |
|---|---|---|
| tipo (m) de deporte | Sportart (f) | ['ʃpɔʁtʔaːɐt] |
| fútbol (m) | Fußball (m) | ['fuːsbal] |
| hockey (m) | Eishockey (n) | ['aɪsˌhɔki] |
| baloncesto (m) | Basketball (m) | ['baːskətbal] |
| béisbol (m) | Baseball (m, n) | ['beɪsbɔːl] |
| | | |
| voleibol (m) | Volleyball (m) | ['vɔliˌbal] |
| boxeo (m) | Boxen (n) | ['bɔksən] |
| lucha (f) | Ringen (n) | ['ʁɪŋən] |
| tenis (m) | Tennis (n) | ['tɛnɪs] |
| natación (f) | Schwimmen (n) | ['ʃvɪmən] |
| | | |
| ajedrez (m) | Schach (n) | [ʃaχ] |
| carrera (f) | Lauf (m) | [laʊf] |
| atletismo (m) | Leichtathletik (f) | ['laɪçtʔatˌleːtik] |
| patinaje (m) artístico | Eiskunstlauf (m) | ['aɪskʊnstˌlaʊf] |
| ciclismo (m) | Radfahren (n) | ['ʁaːtˌfaːʁən] |

| | | |
|---|---|---|
| billar (m) | **Billard** (n) | ['bɪljaʁt] |
| culturismo (m) | **Bodybuilding** (n) | ['bɔdiˌbɪldɪŋ] |
| golf (m) | **Golf** (n) | [gɔlf] |
| buceo (m) | **Tauchen** (n) | ['tauχən] |
| vela (f) | **Segelsport** (m) | ['ze:gəlˌʃpɔʁt] |
| tiro (m) con arco | **Bogenschießen** (n) | ['bo:gənˌʃi:sən] |
| | | |
| tiempo (m) | **Halbzeit** (f) | ['halpˌtsaɪt] |
| descanso (m) | **Halbzeit** (f), **Pause** (f) | ['halpˌtsaɪt], ['pauzə] |
| empate (m) | **Unentschieden** (n) | ['ʊnʔɛntʃiːdən] |
| empatar (vi) | **unentschieden spielen** | ['ʊnʔɛntʃiːdən 'ʃpiːlən] |
| | | |
| cinta (f) de correr | **Laufband** (n) | ['laufˌbant] |
| jugador (m) | **Spieler** (m) | ['ʃpiːlɐ] |
| reserva (m) | **Ersatzspieler** (m) | [ɛɐˈzatsˌʃpiːlɐ] |
| banquillo (m) de reserva | **Ersatzbank** (f) | [ɛɐˈzatsˌbaŋk] |
| | | |
| match (m) | **Spiel** (n) | [ʃpiːl] |
| puerta (f) | **Tor** (n) | [toːɐ] |
| portero (m) | **Torwart** (m) | ['toːɐˌvaʁt] |
| gol (m) | **Tor** (n) | [toːɐ] |
| | | |
| Juegos (m pl) Olímpicos | **Olympische Spiele** (pl) | [oˈlʏmpɪʃə 'ʃpiːlə] |
| establecer un record | **einen Rekord aufstellen** | ['aɪnən ʁeˈkɔʁt 'aufˌʃtɛlən] |
| final (m) | **Finale** (n) | [fiˈnaːlə] |
| campeón (m) | **Meister** (m) | ['maɪstɐ] |
| campeonato (m) | **Meisterschaft** (f) | ['maɪstɐˌʃaft] |
| | | |
| vencedor (m) | **Sieger** (m) | ['ziːgɐ] |
| victoria (f) | **Sieg** (m) | [ziːk] |
| ganar (vi) | **gewinnen** (vt) | [gəˈvɪnən] |
| perder (vi) | **verlieren** (vt) | [fɛɐˈliːʁən] |
| medalla (f) | **Medaille** (f) | [meˈdaljə] |
| | | |
| primer puesto (m) | **der erste Platz** | [deːɐ 'ɛʁstə plats] |
| segundo puesto (m) | **der zweite Platz** | [deːɐ 'tsvaɪtə plats] |
| tercer puesto (m) | **der dritte Platz** | [deːɐ 'dʁɪtə plats] |
| | | |
| estadio (m) | **Stadion** (n) | ['ʃtaːdjɔn] |
| hincha (m) | **Fan** (m) | [fɛn] |
| entrenador (m) | **Trainer** (m) | ['tʁɛːnɐ] |
| entrenamiento (m) | **Training** (n) | ['tʁɛːnɪŋ] |

## 17. Los idiomas extranjeros. La ortografía

| | | |
|---|---|---|
| lengua (f) | **Sprache** (f) | ['ʃpʁaːχə] |
| estudiar (vt) | **studieren** (vt) | [ʃtuˈdiːʁən] |
| pronunciación (f) | **Aussprache** (f) | ['ausˌʃpʁaːχə] |
| acento (m) | **Akzent** (m) | [akˈtsɛnt] |
| sustantivo (m) | **Substantiv** (n) | ['zʊpstantiːf] |

| | | |
|---|---|---|
| adjetivo (m) | **Adjektiv** (n) | ['atjɛkti:f] |
| verbo (m) | **Verb** (n) | [vɛʀp] |
| adverbio (m) | **Adverb** (n) | [at'vɛʀp] |
| | | |
| pronombre (m) | **Pronomen** (n) | [pʀo'no:mən] |
| interjección (f) | **Interjektion** (f) | [ˌɪntɐjɛk'tsjo:n] |
| preposición (f) | **Präposition** (f) | [pʀɛpozi'tsjo:n] |
| | | |
| raíz (f), radical (m) | **Wurzel** (f) | ['vuʀtsəl] |
| desinencia (f) | **Endung** (f) | ['ɛndʊŋ] |
| prefijo (m) | **Vorsilbe** (f) | ['fo:ɐˌzɪlbə] |
| sílaba (f) | **Silbe** (f) | ['zɪlbə] |
| sufijo (m) | **Suffix** (n), **Nachsilbe** (f) | ['zʊfɪks], ['na:χˌzɪlbə] |
| | | |
| acento (m) | **Betonung** (f) | [bə'to:nʊŋ] |
| punto (m) | **Punkt** (m) | [pʊŋkt] |
| coma (f) | **Komma** (n) | ['kɔma] |
| dos puntos (m pl) | **Doppelpunkt** (m) | ['dɔpəlˌpʊŋkt] |
| puntos (m pl) suspensivos | **Auslassungspunkte** (pl) | ['aʊslasʊŋsˌpʊŋktə] |
| | | |
| pregunta (f) | **Frage** (f) | ['fʀa:gə] |
| signo (m) de interrogación | **Fragezeichen** (n) | ['fʀa:gəˌtsaɪçən] |
| signo (m) de admiración | **Ausrufezeichen** (n) | ['aʊsʀuːfəˌtsaɪçən] |
| | | |
| entre comillas | **in Anführungszeichen** | [ɪn 'anfyːʀʊŋsˌtsaɪçən] |
| entre paréntesis | **in Klammern** | [ɪn 'klamɐn] |
| letra (f) | **Buchstabe** (m) | ['bu:χˌʃta:bə] |
| letra (f) mayúscula | **Großbuchstabe** (m) | ['gʀo:sbu:χˌʃta:bə] |
| | | |
| oración (f) | **Satz** (m) | [zats] |
| combinación (f) de palabras | **Wortverbindung** (f) | ['vɔʀtfɛɐˌbɪndʊŋ] |
| expresión (f) | **Redensart** (f) | ['ʀe:dənsˌʔa:ɐt] |
| | | |
| sujeto (m) | **Subjekt** (n) | ['zʊpjɛkt] |
| predicado (m) | **Prädikat** (n) | [pʀɛdi'ka:t] |
| línea (f) | **Zeile** (f) | ['tsaɪlə] |
| párrafo (m) | **Absatz** (m) | ['apˌzats] |
| | | |
| sinónimo (m) | **Synonym** (n) | [zyno'ny:m] |
| antónimo (m) | **Antonym** (n) | [anto'ny:m] |
| excepción (f) | **Ausnahme** (f) | ['aʊsˌna:mə] |
| subrayar (vt) | **unterstreichen** (vt) | [ˌʊntɐ'ʃtʀaɪçən] |
| | | |
| reglas (f pl) | **Regeln** (pl) | ['ʀe:gəln] |
| gramática (f) | **Grammatik** (f) | [gʀa'matɪk] |
| vocabulario (m) | **Vokabular** (n) | [vokabu'la:ɐ] |
| fonética (f) | **Phonetik** (f) | [fo:'ne:tɪk] |
| alfabeto (m) | **Alphabet** (n) | [alfa'be:t] |
| | | |
| manual (m) | **Lehrbuch** (n) | ['le:ɐˌbu:χ] |
| diccionario (m) | **Wörterbuch** (n) | ['vœʀtɐˌbu:χ] |

| guía (f) de conversación | Sprachführer (m) | [ˈʃpʀaːχˌfyːʀɐ] |
| palabra (f) | Wort (n) | [vɔʁt] |
| significado (m) | Bedeutung (f) | [bəˈdɔɪtʊŋ] |
| memoria (f) | Gedächtnis (n) | [ɡəˈdɛçtnɪs] |

## 18. La Tierra. La geografía

| Tierra (f) | Erde (f) | [ˈeːɐdə] |
| globo (m) terrestre | Erdkugel (f) | [ˈeːɐtˈkuːɡəl] |
| planeta (m) | Planet (m) | [plaˈneːt] |

| geografía (f) | Geographie (f) | [ˌɡeoɡʀaˈfiː] |
| naturaleza (f) | Natur (f) | [naˈtuːɐ] |
| mapa (m) | Landkarte (f) | [ˈlantˌkaʁtə] |
| atlas (m) | Atlas (m) | [ˈatlas] |

| en el norte | im Norden | [ɪm ˈnɔʁdən] |
| en el sur | im Süden | [ɪm ˈzyːdən] |
| en el oeste | im Westen | [ɪm ˈvɛstən] |
| en el este | im Osten | [ɪm ˈɔstən] |

| mar (m) | Meer (n), See (f) | [meːɐ], [zeː] |
| océano (m) | Ozean (m) | [ˈoːtseaːn] |
| golfo (m) | Golf (m) | [ɡɔlf] |
| estrecho (m) | Meerenge (f) | [ˈmeːɐˌʔɛŋə] |

| continente (m) | Kontinent (m) | [ˈkɔntinɛnt] |
| isla (f) | Insel (f) | [ˈɪnzəl] |
| península (f) | Halbinsel (f) | [ˈhalpˌʔɪnzəl] |
| archipiélago (m) | Archipel (m) | [ˌaʁçiˈpeːl] |

| ensenada, bahía (f) | Hafen (m) | [ˈhaːfən] |
| arrecife (m) de coral | Korallenriff (n) | [koˈʀalənˌʀɪf] |
| orilla (f) | Ufer (n) | [ˈuːfɐ] |
| costa (f) | Küste (f) | [ˈkʏstə] |

| flujo (m) | Flut (f) | [fluːt] |
| reflujo (m) | Ebbe (f) | [ˈɛbə] |

| latitud (f) | Breite (f) | [ˈbʀaɪtə] |
| longitud (f) | Länge (f) | [ˈlɛŋə] |
| paralelo (m) | Breitenkreis (m) | [ˈbʀaɪtənˈkʀaɪs] |
| ecuador (m) | Äquator (m) | [ɛˈkvaːtoːɐ] |

| cielo (m) | Himmel (m) | [ˈhɪməl] |
| horizonte (m) | Horizont (m) | [hoʀiˈtsɔnt] |
| atmósfera (f) | Atmosphäre (f) | [ʔatmoˈsfɛːʀə] |

| montaña (f) | Berg (m) | [bɛʁk] |
| cima (f) | Gipfel (m) | [ˈɡɪpfəl] |

| roca (f) | Fels (m) | [fɛls] |
| colina (f) | Hügel (m) | ['hy:gəl] |

| volcán (m) | Vulkan (m) | [vʊl'ka:n] |
| glaciar (m) | Gletscher (m) | ['glɛtʃe] |
| cascada (f) | Wasserfall (m) | ['vaseˌfal] |
| llanura (f) | Ebene (f) | ['e:bənə] |

| río (m) | Fluss (m) | [flʊs] |
| manantial (m) | Quelle (f) | ['kvɛlə] |
| ribera (f) | Ufer (n) | ['u:fe] |
| río abajo (adv) | stromabwärts | ['ʃtʀo:mˌapvɛʁts] |
| río arriba (adv) | stromaufwärts | ['ʃtʀo:mˌaʊfvɛʁts] |

| lago (m) | See (m) | [ze:] |
| presa (f) | Damm (m) | [dam] |
| canal (m) | Kanal (m) | [ka'na:l] |
| pantano (m) | Sumpf (m), Moor (n) | [zʊmpf], [mo:ɐ] |
| hielo (m) | Eis (n) | [aɪs] |

## 19. Los países. Unidad 1

| Europa (f) | Europa (n) | [ɔɪ'ʀo:pa] |
| Unión (f) Europea | Europäische Union (f) | [ˌɔɪʀo'pɛ:ɪʃə ʔu'njo:n] |
| europeo (m) | Europäer (m) | [ˌɔɪʀo'pɛ:ɐ] |
| europeo (adj) | europäisch | [ˌɔɪʀo'pɛ:ɪʃ] |

| Austria (f) | Österreich (n) | ['ø:stəʀaɪç] |
| Gran Bretaña (f) | Großbritannien (n) | [gʀo:s·bʀi'tanɪən] |
| Inglaterra (f) | England (n) | ['ɛŋlant] |
| Bélgica (f) | Belgien (n) | ['bɛlgɪən] |
| Alemania (f) | Deutschland (n) | ['dɔɪtʃlant] |

| Países Bajos (m pl) | Niederlande (f) | ['ni:deˌlandə] |
| Holanda (f) | Holland (n) | ['hɔlant] |
| Grecia (f) | Griechenland (n) | ['gʀi:çənˌlant] |
| Dinamarca (f) | Dänemark (n) | ['dɛ:nəˌmaʁk] |
| Irlanda (f) | Irland (n) | ['ɪʁlant] |

| Islandia (f) | Island (n) | ['i:slant] |
| España (f) | Spanien (n) | ['ʃpa:nɪən] |
| Italia (f) | Italien (n) | [i'ta:lɪən] |
| Chipre (m) | Zypern (n) | ['tsy:pen] |
| Malta (f) | Malta (n) | ['malta] |

| Noruega (f) | Norwegen (n) | ['nɔʁˌve:gən] |
| Portugal (m) | Portugal (n) | ['pɔʁtugal] |
| Finlandia (f) | Finnland (n) | ['fɪnlant] |
| Francia (f) | Frankreich (n) | ['fʀaŋkʀaɪç] |
| Suecia (f) | Schweden (n) | ['ʃve:dən] |

| Suiza (f) | Schweiz (f) | [ʃvaɪts] |
| Escocia (f) | Schottland (n) | ['ʃɔtlant] |
| Vaticano (m) | Vatikan (m) | [vati'ka:n] |
| Liechtenstein (m) | Liechtenstein (n) | ['lɪçtənˌʃtaɪn] |
| Luxemburgo (m) | Luxemburg (n) | ['lʊksəmˌbʊʁk] |

| Mónaco (m) | Monaco (n) | [mo'nako] |
| Albania (f) | Albanien (n) | [al'ba:niən] |
| Bulgaria (f) | Bulgarien (n) | [bʊl'ga:ʁiən] |
| Hungría (f) | Ungarn (n) | ['ʊŋgaʁn] |
| Letonia (f) | Lettland (n) | ['lɛtlant] |

| Lituania (f) | Litauen (n) | ['lɪtaʊən] |
| Polonia (f) | Polen (n) | ['po:lən] |
| Rumania (f) | Rumänien (n) | [ʁu'mɛ:niən] |
| Serbia (f) | Serbien (n) | ['zɛʁbiən] |
| Eslovaquia (f) | Slowakei (f) | [slova'kaɪ] |

| Croacia (f) | Kroatien (n) | [kʁo'a:tsiən] |
| Chequia (f) | Tschechien (n) | ['tʃɛçiən] |
| Estonia (f) | Estland (n) | ['ɛstlant] |
| Bosnia y Herzegovina | Bosnien und Herzegowina (n) | ['bɔsniən ʊnt ˌhɛʁtsə'gɔvina:] |
| Macedonia | Makedonien (n) | [make'do:niən] |

| Eslovenia | Slowenien (n) | [slo've:niən] |
| Montenegro (m) | Montenegro (n) | [mɔnte'ne:gʁo] |
| Bielorrusia (f) | Weißrussland (n) | ['vaɪsˌʁʊslant] |
| Moldavia (f) | Moldawien (n) | [mɔl'da:viən] |
| Rusia (f) | Russland (n) | ['ʁʊslant] |
| Ucrania (f) | Ukraine (f) | [ˌukʁa'i:nə] |

## 20. Los países. Unidad 2

| Asia (f) | Asien (n) | ['a:ziən] |
| Vietnam (m) | Vietnam (n) | [vɪɛt'nam] |
| India (f) | Indien (n) | ['ɪndiən] |
| Israel (m) | Israel (n) | ['ɪsʁae:l] |
| China (f) | China (n) | ['çi:na] |

| Líbano (m) | Libanon (m, n) | ['li:banɔn] |
| Mongolia (f) | Mongolei (f) | [ˌmɔŋgo'laɪ] |
| Malasia (f) | Malaysia (n) | [ma'laɪzɪa] |
| Pakistán (m) | Pakistan (n) | ['pa:kɪsta:n] |
| Arabia (f) Saudita | Saudi-Arabien (n) | [ˌzaʊdiʔa'ʁa:biən] |

| Tailandia (f) | Thailand (n) | ['taɪlant] |
| Taiwán (m) | Taiwan (n) | [taɪ'va:n] |
| Turquía (f) | Türkei (f) | [tʏʁ'kaɪ] |
| Japón (m) | Japan (n) | ['ja:pan] |

| | | |
|---|---|---|
| Afganistán (m) | **Afghanistan** (n) | [afˈgaːnɪstaːn] |
| Bangladesh (m) | **Bangladesch** (n) | [ˌbaŋglaˈdɛʃ] |
| Indonesia (f) | **Indonesien** (n) | [ɪndoˈneːzɪən] |
| Jordania (f) | **Jordanien** (n) | [jɔʁˈdaːnɪən] |
| Irak (m) | **Irak** (m, n) | [iˈʁaːk] |
| Irán (m) | **Iran** (m, n) | [iˈʁaːn] |

| | | |
|---|---|---|
| Camboya (f) | **Kambodscha** (n) | [kamˈbɔdʒa] |
| Kuwait (m) | **Kuwait** (n) | [kuˈvaɪt] |
| Laos (m) | **Laos** (n) | [ˈlaːɔs] |
| Myanmar (m) | **Myanmar** (n) | [ˈmɪanmaːɐ] |
| Nepal (m) | **Nepal** (n) | [ˈneːpal] |

| | | |
|---|---|---|
| Emiratos (m pl) Árabes Unidos | **Vereinigten Arabischen Emirate** (pl) | [fɛɐˈʔaɪnɪgən aˈʁaːbɪʃən emiˈʁaːtə] |
| Siria (f) | **Syrien** (n) | [ˈzyːʁɪən] |
| Palestina (f) | **Palästina** (n) | [palɛsˈtiːna] |
| Corea (f) del Sur | **Südkorea** (n) | [ˈzyːtkoˈʁeːa] |
| Corea (f) del Norte | **Nordkorea** (n) | [ˈnɔʁtˈkoˈʁeːa] |

| | | |
|---|---|---|
| Estados Unidos de América | **Die Vereinigten Staaten** | [di fɛɐˈʔaɪnɪçtən ˈʃtaːtən] |
| Canadá (f) | **Kanada** (n) | [ˈkanada] |
| Méjico (m) | **Mexiko** (n) | [ˈmɛksikoː] |
| Argentina (f) | **Argentinien** (n) | [ˌaʁgɛnˈtiːnɪən] |
| Brasil (m) | **Brasilien** (n) | [bʁaˈziːlɪən] |

| | | |
|---|---|---|
| Colombia (f) | **Kolumbien** (n) | [koˈlʊmbɪən] |
| Cuba (f) | **Kuba** (n) | [ˈkuːba] |
| Chile (m) | **Chile** (n) | [ˈtʃiːlə] |
| Venezuela (f) | **Venezuela** (n) | [ˌveneˈtsueːla] |
| Ecuador (m) | **Ecuador** (n) | [ˌɛkuaˈdoːɐ] |

| | | |
|---|---|---|
| Islas (f pl) Bahamas | **Die Bahamas** | [di baˈhaːmaːs] |
| Panamá (f) | **Panama** (n) | [ˈpanamaː] |
| Egipto (m) | **Ägypten** (n) | [ɛˈgʏptən] |
| Marruecos (m) | **Marokko** (n) | [ˌmaˈʁɔko] |
| Túnez (m) | **Tunesien** (n) | [tuˈneːzɪən] |

| | | |
|---|---|---|
| Kenia (f) | **Kenia** (n) | [ˈkeːnia] |
| Libia (f) | **Libyen** (n) | [ˈliːbyən] |
| República (f) Sudafricana | **Republik Südafrika** (f) | [ʁepuˈbliːk zyːtˈʔaːfʁika] |
| Australia (f) | **Australien** (n) | [aʊsˈtʁaːlɪən] |
| Nueva Zelanda (f) | **Neuseeland** (n) | [nɔɪˈzeːlant] |

# 21. El tiempo. Los desastres naturales

| | | |
|---|---|---|
| tiempo (m) | **Wetter** (n) | [ˈvɛtɐ] |
| previsión (f) del tiempo | **Wetterbericht** (m) | [ˈvɛtəbəˌʁɪçt] |
| temperatura (f) | **Temperatur** (f) | [tɛmpəʁaˈtuːɐ] |

| | | |
|---|---|---|
| termómetro (m) | **Thermometer** (n) | [tɛʁmoˈmeːtɐ] |
| barómetro (m) | **Barometer** (n) | [baʁoˈmeːtɐ] |
| | | |
| sol (m) | **Sonne** (f) | [ˈzɔnə] |
| brillar (vi) | **scheinen** (vi) | [ˈʃaɪnən] |
| soleado (un día ~) | **sonnig** | [ˈzɔnɪç] |
| elevarse (el sol) | **aufgehen** (vi) | [ˈaʊfˌgeːən] |
| ponerse (vr) | **untergehen** (vi) | [ˈʊntɐˌgeːən] |
| | | |
| lluvia (f) | **Regen** (m) | [ˈʁeːgən] |
| está lloviendo | **Es regnet** | [ɛs ˈʁeːgnət] |
| aguacero (m) | **strömender Regen** (m) | [ˈʃtʁøːməntdə ˈʁeːgən] |
| nubarrón (m) | **Regenwolke** (f) | [ˈʁeːgənˌvɔlkə] |
| charco (m) | **Pfütze** (f) | [ˈpfʏtsə] |
| mojarse (vr) | **nass werden** (vi) | [nas ˈveːɐdən] |
| | | |
| tormenta (f) | **Gewitter** (n) | [gəˈvɪtɐ] |
| relámpago (m) | **Blitz** (m) | [blɪts] |
| relampaguear (vi) | **blitzen** (vi) | [ˈblɪtsən] |
| trueno (m) | **Donner** (m) | [ˈdɔnɐ] |
| está tronando | **Es donnert** | [ɛs ˈdɔnɐt] |
| granizo (m) | **Hagel** (m) | [ˈhaːgəl] |
| está granizando | **Es hagelt** | [ɛs ˈhaːgəlt] |
| | | |
| bochorno (m) | **Hitze** (f) | [ˈhɪtsə] |
| hace mucho calor | **ist heiß** | [ist haɪs] |
| hace calor (templado) | **ist warm** | [ist vaʁm] |
| hace frío | **ist kalt** | [ist kalt] |
| | | |
| niebla (f) | **Nebel** (m) | [ˈneːbəl] |
| nebuloso (adj) | **neblig** | [ˈneːblɪç] |
| nube (f) | **Wolke** (f) | [ˈvɔlkə] |
| nuboso (adj) | **bewölkt** | [bəˈvœlkt] |
| humedad (f) | **Feuchtigkeit** (f) | [ˈfɔɪçtɪçkaɪt] |
| | | |
| nieve (f) | **Schnee** (m) | [ʃneː] |
| está nevando | **Es schneit** | [ɛs ˈʃnaɪt] |
| helada (f) | **Frost** (m) | [fʁɔst] |
| bajo cero (adv) | **unter Null** | [ˈʊntɐ ˈnʊl] |
| escarcha (f) | **Reif** (m) | [ʁaɪf] |
| | | |
| mal tiempo (m) | **Unwetter** (n) | [ˈʊnˌvɛtɐ] |
| catástrofe (f) | **Katastrophe** (f) | [ˌkatasˈtʁoːfə] |
| inundación (f) | **Überschwemmung** (f) | [yːbɐˈʃvɛmʊŋ] |
| avalancha (f) | **Lawine** (f) | [laˈviːnə] |
| terremoto (m) | **Erdbeben** (n) | [ˈeːɐtˌbeːbən] |
| | | |
| sacudida (f) | **Erschütterung** (f) | [ɛɐˈʃʏtəʁʊŋ] |
| epicentro (m) | **Epizentrum** (n) | [ˌepiˈtsɛntʁʊm] |
| erupción (f) | **Ausbruch** (m) | [ˈaʊsˌbʁʊx] |
| lava (f) | **Lava** (f) | [ˈlaːva] |
| tornado (m) | **Tornado** (m) | [tɔʁˈnaːdo] |

| | | |
|---|---|---|
| torbellino (m) | **Wirbelsturm** (m) | ['vɪʁbəlˌʃtʊʁm] |
| huracán (m) | **Orkan** (m) | [ɔʁ'kaːn] |
| tsunami (m) | **Tsunami** (m) | [tsu'naːmi] |
| ciclón (m) | **Zyklon** (m) | [tsy'kloːn] |

## 22. Los animales. Unidad 1

| | | |
|---|---|---|
| animal (m) | **Tier** (n) | [tiːɐ] |
| carnívoro (m) | **Raubtier** (n) | ['ʁaʊptiːɐ] |
| | | |
| tigre (m) | **Tiger** (m) | ['tiːgɐ] |
| león (m) | **Löwe** (m) | ['løːvə] |
| lobo (m) | **Wolf** (m) | [vɔlf] |
| zorro (m) | **Fuchs** (m) | [fʊks] |
| jaguar (m) | **Jaguar** (m) | ['jaːguaːɐ] |
| | | |
| lince (m) | **Luchs** (m) | [lʊks] |
| coyote (m) | **Kojote** (m) | [ko'joːtə] |
| chacal (m) | **Schakal** (m) | [ʃa'kaːl] |
| hiena (f) | **Hyäne** (f) | ['hyɛːnə] |
| | | |
| ardilla (f) | **Eichhörnchen** (n) | ['aɪçˌhœʁnçən] |
| erizo (m) | **Igel** (m) | ['iːgəl] |
| conejo (m) | **Kaninchen** (n) | [ka'niːnçən] |
| mapache (m) | **Waschbär** (m) | ['vaʃˌbɛːɐ] |
| | | |
| hámster (m) | **Hamster** (m) | ['hamstɐ] |
| topo (m) | **Maulwurf** (m) | ['maʊlˌvʊʁf] |
| ratón (m) | **Maus** (f) | [maʊs] |
| rata (f) | **Ratte** (f) | ['ʁatə] |
| murciélago (m) | **Fledermaus** (f) | ['fleːdɐˌmaʊs] |
| | | |
| castor (m) | **Biber** (m) | ['biːbɐ] |
| caballo (m) | **Pferd** (n) | [pfeːɐt] |
| ciervo (m) | **Hirsch** (m) | [hɪʁʃ] |
| camello (m) | **Kamel** (n) | [ka'meːl] |
| cebra (f) | **Zebra** (n) | ['tseːbʁa] |
| | | |
| ballena (f) | **Wal** (m) | [vaːl] |
| foca (f) | **Seehund** (m) | ['zeːˌhʊnt] |
| morsa (f) | **Walroß** (n) | ['vaːlˌʁɔs] |
| delfín (m) | **Delfin** (m) | [dɛl'fiːn] |
| | | |
| oso (m) | **Bär** (m) | [bɛːɐ] |
| mono (m) | **Affe** (m) | ['afə] |
| elefante (m) | **Elefant** (m) | [ele'fant] |
| rinoceronte (m) | **Nashorn** (n) | ['naːsˌhɔʁn] |
| jirafa (f) | **Giraffe** (f) | [ˌgi'ʁafə] |
| hipopótamo (m) | **Flusspferd** (n) | ['flʊsˌpfeːɐt] |
| canguro (m) | **Känguru** (n) | ['kɛŋguʁu] |

| | | |
|---|---|---|
| gata (f) | **Katze** (f) | ['katsə] |
| perro (m) | **Hund** (m) | [hʊnt] |
| | | |
| vaca (f) | **Kuh** (f) | [kuː] |
| toro (m) | **Stier** (m) | [ʃtiːɐ] |
| oveja (f) | **Schaf** (n) | [ʃaːf] |
| cabra (f) | **Ziege** (f) | ['tsiːgə] |
| | | |
| asno (m) | **Esel** (m) | ['eːzəl] |
| cerdo (m) | **Schwein** (n) | [ʃvaɪn] |
| gallina (f) | **Huhn** (n) | [huːn] |
| gallo (m) | **Hahn** (m) | [haːn] |
| | | |
| pato (m) | **Ente** (f) | ['ɛntə] |
| ganso (m) | **Gans** (f) | [gans] |
| pava (f) | **Pute** (f) | ['puːtə] |
| perro (m) pastor | **Schäferhund** (m) | ['ʃɛːfɐˌhʊnt] |

## 23.   Los animales. Unidad 2

| | | |
|---|---|---|
| pájaro (m) | **Vogel** (m) | ['foːgəl] |
| paloma (f) | **Taube** (f) | ['taʊbə] |
| gorrión (m) | **Spatz** (m) | [ʃpats] |
| carbonero (m) | **Meise** (f) | ['maɪzə] |
| urraca (f) | **Elster** (f) | ['ɛlstɐ] |
| | | |
| águila (f) | **Adler** (m) | ['aːdlɐ] |
| azor (m) | **Habicht** (m) | ['haːbɪçt] |
| halcón (m) | **Falke** (m) | ['falkə] |
| | | |
| cisne (m) | **Schwan** (m) | [ʃvaːn] |
| grulla (f) | **Kranich** (m) | ['kʀaːnɪç] |
| cigüeña (f) | **Storch** (m) | [ʃtɔʁç] |
| loro (m), papagayo (m) | **Papagei** (m) | [papa'gaɪ] |
| pavo (m) real | **Pfau** (m) | [pfaʊ] |
| avestruz (m) | **Strauß** (m) | [ʃtʀaʊs] |
| | | |
| garza (f) | **Reiher** (m) | ['ʀaɪɐ] |
| ruiseñor (m) | **Nachtigall** (f) | ['naxtɪgal] |
| golondrina (f) | **Schwalbe** (f) | ['ʃvalbə] |
| pájaro carpintero (m) | **Specht** (m) | [ʃpɛçt] |
| cuco (m) | **Kuckuck** (m) | ['kʊkʊk] |
| lechuza (f) | **Eule** (f) | ['ɔɪlə] |
| | | |
| pingüino (m) | **Pinguin** (m) | ['pɪŋguiːn] |
| atún (m) | **Tunfisch** (m) | ['tuːnfɪʃ] |
| trucha (f) | **Forelle** (f) | [ˌfo'ʀɛlə] |
| anguila (f) | **Aal** (m) | [aːl] |
| tiburón (m) | **Hai** (m) | [haɪ] |
| centolla (f) | **Krabbe** (f) | ['kʀabə] |

| medusa (f) | Meduse (f) | [me'du:zə] |
| pulpo (m) | Krake (m) | ['kʀa:kə] |

| estrella (f) de mar | Seestern (m) | ['ze:ˌʃtɛʀn] |
| erizo (m) de mar | Seeigel (m) | ['ze:ˌʔi:gəl] |
| caballito (m) de mar | Seepferdchen (n) | ['ze:ˌpfe:ɐtçən] |
| camarón (m) | Garnele (f) | [gaʀ'ne:lə] |

| serpiente (f) | Schlange (f) | ['ʃlaŋə] |
| víbora (f) | Viper (f) | ['vi:pɐ] |
| lagarto (m) | Eidechse (f) | ['aɪdɛksə] |
| iguana (f) | Leguan (m) | ['le:gua:n] |
| camaleón (m) | Chamäleon (n) | [ka'mɛ:leˌɔn] |
| escorpión (m) | Skorpion (m) | [skɔʀ'pjo:n] |

| tortuga (f) | Schildkröte (f) | ['ʃɪltˌkʀø:tə] |
| rana (f) | Frosch (m) | [fʀɔʃ] |
| cocodrilo (m) | Krokodil (n) | [kʀoko'di:l] |
| insecto (m) | Insekt (n) | [ɪn'zɛkt] |
| mariposa (f) | Schmetterling (m) | ['ʃmɛtɐlɪŋ] |
| hormiga (f) | Ameise (f) | ['a:maɪzə] |
| mosca (f) | Fliege (f) | ['fli:gə] |

| mosquito (m) (picadura de ~) | Mücke (f) | ['mʏkə] |
| escarabajo (m) | Käfer (m) | ['kɛ:fɐ] |
| abeja (f) | Biene (f) | ['bi:nə] |
| araña (f) | Spinne (f) | ['ʃpɪnə] |
| mariquita (f) | Marienkäfer (m) | [ma'ʀi:ənˌkɛ:fɐ] |

## 24. Los árboles. Las plantas

| árbol (m) | Baum (m) | [baʊm] |
| abedul (m) | Birke (f) | ['bɪʀkə] |
| roble (m) | Eiche (f) | ['aɪçə] |
| tilo (m) | Linde (f) | ['lɪndə] |
| pobo (m) | Espe (f) | ['ɛspə] |

| arce (m) | Ahorn (m) | ['a:hɔʀn] |
| pícea (f) | Fichte (f) | ['fɪçtə] |
| pino (m) | Kiefer (f) | ['ki:fɐ] |
| cedro (m) | Zeder (f) | ['tse:dɐ] |

| álamo (m) | Pappel (f) | ['papəl] |
| serbal (m) | Vogelbeerbaum (m) | ['fo:gəlbe:ɐˌbaʊm] |
| haya (f) | Buche (f) | ['bu:xə] |
| olmo (m) | Ulme (f) | ['ʊlmə] |

| fresno (m) | Esche (f) | ['ɛʃə] |
| castaño (m) | Kastanie (f) | [kas'ta:niə] |

| | | |
|---|---|---|
| palmera (f) | **Palme** (f) | ['palmə] |
| mata (f) | **Strauch** (m) | [ʃtʀaʊχ] |
| | | |
| seta (f) | **Pilz** (m) | [pɪlts] |
| seta (f) venenosa | **Giftpilz** (m) | ['gɪft͵pɪlts] |
| seta calabaza (f) | **Steinpilz** (m) | ['ʃtaɪn͵pɪlts] |
| rúsula (f) | **Täubling** (m) | ['tɔyplɪŋ] |
| matamoscas (m) | **Fliegenpilz** (m) | ['fliːgən͵pɪlts] |
| oronja (f) verde | **Grüner Knollenblätterpilz** (m) | ['gʀyːnə 'knɔlən·blɛtə͵pɪlts] |
| | | |
| flor (f) | **Blume** (f) | ['bluːmə] |
| ramo (m) de flores | **Blumenstrauß** (m) | ['bluːmənʃtʀaʊs] |
| rosa (f) | **Rose** (f) | ['ʀoːzə] |
| tulipán (m) | **Tulpe** (f) | ['tʊlpə] |
| clavel (m) | **Nelke** (f) | ['nɛlkə] |
| | | |
| manzanilla (f) | **Kamille** (f) | [ka'mɪlə] |
| cacto (m) | **Kaktus** (m) | ['kaktʊs] |
| muguete (m) | **Maiglöckchen** (n) | ['maɪ͵glœkçən] |
| campanilla (f) de las nieves | **Schneeglöckchen** (n) | ['ʃneːglœkçən] |
| nenúfar (m) | **Seerose** (f) | ['zeː͵ʀoːzə] |
| | | |
| invernadero (m) tropical | **Gewächshaus** (n) | [gə'vɛks͵haʊs] |
| césped (m) | **Rasen** (m) | ['ʀaːzən] |
| macizo (m) de flores | **Blumenbeet** (n) | ['bluːməən·beːt] |
| | | |
| planta (f) | **Pflanze** (f) | ['pflantsə] |
| hierba (f) | **Gras** (n) | [gʀaːs] |
| hoja (f) | **Blatt** (n) | [blat] |
| pétalo (m) | **Blütenblatt** (n) | ['blyːtən͵blat] |
| tallo (m) | **Stiel** (m) | [ʃtiːl] |
| retoño (m) | **Jungpflanze** (f) | ['jʊŋ͵pflantsə] |
| | | |
| cereales (m pl) (plantas) | **Getreidepflanzen** (pl) | [gə'tʀaɪdə͵pflantsən] |
| trigo (m) | **Weizen** (m) | ['vaɪtsən] |
| centeno (m) | **Roggen** (m) | ['ʀɔgən] |
| avena (f) | **Hafer** (m) | ['haːfɐ] |
| | | |
| mijo (m) | **Hirse** (f) | ['hɪʀzə] |
| cebada (f) | **Gerste** (f) | ['gɛʀstə] |
| maíz (m) | **Mais** (m) | ['maɪs] |
| arroz (m) | **Reis** (m) | [ʀaɪs] |

## 25. Varias palabras útiles

| | | |
|---|---|---|
| alto (m) (parada temporal) | **Halt** (m) | [halt] |
| ayuda (f) | **Hilfe** (f) | ['hɪlfə] |
| balance (m) | **Bilanz** (f) | [bi'lants] |
| base (f) (~ científica) | **Basis** (f) | ['baːzɪs] |

| | | |
|---|---|---|
| categoría (f) | **Kategorie** (f) | [ˌkategoˈʀiː] |
| coincidencia (f) | **Zufall** (m) | [ˈtsuːˌfal] |
| comienzo (m) (principio) | **Anfang** (m) | [ˈanfaŋ] |
| comparación (f) | **Vergleich** (m) | [fɛɐˈglaɪç] |
| desarrollo (m) | **Entwicklung** (f) | [ɛntˈvɪklʊŋ] |
| diferencia (f) | **Unterschied** (m) | [ˈʊnteʃiːt] |
| | | |
| efecto (m) | **Effekt** (m) | [ɛˈfɛkt] |
| ejemplo (m) | **Beispiel** (n) | [ˈbaɪʃpiːl] |
| variedad (f) (selección) | **Auswahl** (f) | [ˈaʊsvaːl] |
| elemento (m) | **Element** (n) | [eleˈmɛnt] |
| error (m) | **Fehler** (m) | [ˈfeːle] |
| | | |
| esfuerzo (m) | **Anstrengung** (f) | [ˈanʃtʀɛŋʊŋ] |
| estándar (adj) | **Standard-** | [ˈstandaʁt] |
| estilo (m) | **Stil** (m) | [ʃtiːl] |
| forma (f) (contorno) | **Form** (f) | [fɔʁm] |
| | | |
| grado (m) (en mayor ~) | **Grad** (m) | [gʀaːt] |
| hecho (m) | **Tatsache** (f) | [ˈtaːtˌzaχe] |
| ideal (m) | **Ideal** (n) | [ideˈaːl] |
| modo (m) (de otro ~) | **Weise** (f) | [ˈvaɪze] |
| momento (m) | **Moment** (m) | [moˈmɛnt] |
| obstáculo (m) | **Hindernis** (n) | [ˈhɪndenɪs] |
| parte (f) | **Anteil** (m) | [ˈanˌtaɪl] |
| pausa (f) | **Pause** (f) | [ˈpaʊze] |
| posición (f) | **Position** (f) | [poziˈtsjoːn] |
| problema (m) | **Problem** (n) | [pʀoˈbleːm] |
| | | |
| proceso (m) | **Prozess** (m) | [pʀoˈtsɛs] |
| progreso (m) | **Fortschritt** (m) | [ˈfɔʁtˌʃʀɪt] |
| propiedad (f) (cualidad) | **Eigenschaft** (f) | [ˈaɪgenʃaft] |
| reacción (f) | **Reaktion** (f) | [ˌʀeakˈtsjoːn] |
| riesgo (m) | **Risiko** (n) | [ˈʀiːziko] |
| | | |
| secreto (m) | **Geheimnis** (n) | [geˈhaɪmnɪs] |
| serie (f) | **Serie** (f) | [ˈzeːʀie] |
| sistema (m) | **System** (n) | [zʏsˈteːm] |
| situación (f) | **Situation** (f) | [zituaˈtsjoːn] |
| solución (f) | **Lösung** (f) | [ˈløːzʊŋ] |
| tabla (f) (~ de multiplicar) | **Tabelle** (f) | [taˈbɛle] |
| tempo (m) (ritmo) | **Tempo** (n) | [ˈtɛmpo] |
| | | |
| término (m) | **Fachwort** (n) | [ˈfaχˌvɔʁt] |
| tipo (m) (p.ej. ~ de deportes) | **Art** (f) | [aːɐt] |
| | | |
| turno (m) (esperar su ~) | **Reihe** (f) | [ˈʀaɪe] |
| urgente (adj) | **dringend** | [ˈdʀɪŋent] |
| utilidad (f) | **Nutzen** (m) | [ˈnʊtsen] |
| variante (f) | **Variante** (f) | [vaˈʀɪante] |
| verdad (f) | **Wahrheit** (f) | [ˈvaːɐhaɪt] |
| zona (f) | **Zone** (f) | [ˈtsoːne] |

## 26. Los adjetivos. Unidad 1

| | | |
|---|---|---|
| abierto (adj) | offen | ['ɔfən] |
| adicional (adj) | ergänzend | [ɛɐ'gɛntsənt] |
| agrio (sabor ~) | sauer | ['zaʊɐ] |
| agudo (adj) | scharf | [ʃaʁf] |
| amargo (adj) | bitter | ['bɪtə] |
| | | |
| amplio (~a habitación) | geräumig | [gə'ʁɔɪmɪç] |
| antiguo (adj) | alt | [alt] |
| arriesgado (adj) | riskant | [ʁɪs'kant] |
| artificial (adj) | künstlich | ['kʏnstlɪç] |
| azucarado, dulce (adj) | süß | [zy:s] |
| | | |
| bajo (voz ~a) | leise | ['laɪzə] |
| bello (hermoso) | schön | [ʃø:n] |
| blando (adj) | weich | [vaɪç] |
| bronceado (adj) | gebräunt | [gə'bʁɔɪnt] |
| central (adj) | zentral | [tsɛn'tʁaːl] |
| | | |
| ciego (adj) | blind | [blɪnt] |
| clandestino (adj) | Untergrund- | ['ʊntɐˌgʁʊnt] |
| compatible (adj) | kompatibel | [kɔmpa'ti:bəl] |
| congelado (pescado ~) | tiefgekühlt | ['ti:fgəˌky:lt] |
| contento (adj) | zufrieden | [tsu'fʁi:dən] |
| continuo (adj) | andauernd | ['anˌdaʊɐnt] |
| | | |
| cortés (adj) | höflich | ['hø:flɪç] |
| corto (adj) | kurz | [kʊʁts] |
| crudo (huevos ~s) | roh | [ʁo:] |
| de segunda mano | gebraucht | [gə'bʁaʊxt] |
| denso (~a niebla) | dicht | [dɪçt] |
| | | |
| derecho (adj) | recht | [ʁɛçt] |
| difícil (decisión) | schwierig | ['ʃvi:ʁɪç] |
| dulce (agua ~) | Süß- | [zy:s] |
| duro (material, etc.) | hart | [haʁt] |
| enfermo (adj) | krank | [kʁaŋk] |
| | | |
| enorme (adj) | riesig | ['ʁi:zɪç] |
| especial (adj) | speziell, Spezial- | [ʃpe'tsɪɛl], [ʃpe'tsɪaːl] |
| estrecho (calle, etc.) | eng, schmal | [ɛŋ], [ʃma:l] |
| exacto (adj) | genau | [gə'naʊ] |
| excelente (adj) | ausgezeichnet | ['aʊsgəˌtsaɪçnət] |
| | | |
| excesivo (adj) | übermäßig | ['y:bəˌmɛ:sɪç] |
| exterior (adj) | Außen-, äußer | ['aʊsən], ['ɔɪsɐ] |
| fácil (adj) | einfach | ['aɪnfax] |
| feliz (adj) | glücklich | ['glʏklɪç] |
| fértil (la tierra ~) | fruchtbar | ['fʁʊxtba:ɐ] |
| frágil (florero, etc.) | zerbrechlich | [tsɛɐ'bʁɛçlɪç] |

| | | |
|---|---|---|
| fuerte (~ voz) | laut | [laʊt] |
| fuerte (adj) | stark | [ʃtaʁk] |
| grande (en dimensiones) | groß | [gʀo:s] |
| gratis (adj) | kostenlos, gratis | ['kɔstənlo:s], ['gʀa:tɪs] |
| importante (adj) | wichtig | ['vɪçtɪç] |

| | | |
|---|---|---|
| infantil (adj) | Kinder- | ['kɪndɐ] |
| inmóvil (adj) | unbeweglich | ['ʊnbəˌve:klɪç] |
| inteligente (adj) | klug | [klu:k] |
| interior (adj) | innen- | ['ɪnən] |
| izquierdo (adj) | link | [lɪŋk] |

## 27. Los adjetivos. Unidad 2

| | | |
|---|---|---|
| largo (camino) | lang | [laŋ] |
| legal (adj) | gesetzlich | [gə'zɛtslɪç] |
| ligero (un metal ~) | leicht | [laɪçt] |
| limpio (camisa ~) | sauber | ['zaʊbɐ] |
| líquido (adj) | flüssig | ['flʏsɪç] |

| | | |
|---|---|---|
| liso (piel, pelo, etc.) | glatt | [glat] |
| lleno (adj) | voll | [fɔl] |
| maduro (fruto, etc.) | reif | [ʀaɪf] |
| malo (adj) | schlecht | [ʃlɛçt] |
| mate (sin brillo) | matt | [mat] |

| | | |
|---|---|---|
| misterioso (adj) | rätselhaft | ['ʀɛ:tsəlˌhaft] |
| muerto (adj) | tot | [to:t] |
| natal (país ~) | Heimat- | ['haɪma:t] |
| negativo (adj) | negativ | ['ne:gati:f] |
| no difícil (adj) | nicht schwierig | [nɪçt 'ʃvi:ʀɪç] |

| | | |
|---|---|---|
| normal (adj) | normal | [nɔʁ'ma:l] |
| nuevo (adj) | neu | [nɔɪ] |
| obligatorio (adj) | obligatorisch, Pflicht- | [ɔbliga'to:ʀɪʃ], [pflɪçt] |
| opuesto (adj) | gegensätzlich | ['ge:gənˌzɛtslɪç] |
| ordinario (adj) | gewöhnlich | [gə'vø:nlɪç] |

| | | |
|---|---|---|
| original (inusual) | original | [oʀigi'na:l] |
| peligroso (adj) | gefährlich | [gə'fɛ:ɐlɪç] |
| pequeño (adj) | klein | [klaɪn] |
| perfecto (adj) | ausgezeichnet | ['aʊsgəˌtsaɪçnət] |
| personal (adj) | persönlich | [pɛʁ'zø:nlɪç] |
| pobre (adj) | arm | [aʁm] |

| | | |
|---|---|---|
| poco claro (adj) | undeutlich | ['ʊnˌdɔɪtlɪç] |
| poco profundo (adj) | seicht | [zaɪçt] |
| posible (adj) | möglich | ['mø:klɪç] |
| principal (~ idea) | hauptsächlich | ['haʊptˌzɛçlɪç] |
| principal (la entrada ~) | Haupt- | [haʊpt] |

| | | |
|---|---|---|
| probable (adj) | wahrscheinlich | [vaːˈʃaɪnlɪç] |
| público (adj) | öffentlich | [ˈœfəntlɪç] |
| rápido (adj) | schnell | [ʃnɛl] |
| raro (adj) | selten | [ˈzɛltən] |
| recto (línea ~a) | gerade | [gəˈʀaːdə] |
| | | |
| sabroso (adj) | lecker | [ˈlɛkɐ] |
| siguiente (avión, etc.) | nächst | [nɛːçst] |
| similar (adj) | ähnlich | [ˈɛːnlɪç] |
| sólido (~a pared) | fest, stark | [fɛst], [ʃtaʁk] |
| sucio (no limpio) | schmutzig | [ˈʃmʊtsɪç] |
| tonto (adj) | dumm | [dʊm] |
| | | |
| triste (mirada ~) | traurig, unglücklich | [ˈtʀaʊʀɪç], [ˈʊnˌglʏklɪç] |
| último (~a oportunidad) | der letzte | [deːɐ ˈlɛtstə] |
| último (~a vez) | vorig | [ˈfoːʀɪç] |
| vacío (vaso medio ~) | leer | [leːɐ] |
| viejo (casa ~a) | alt | [alt] |

## 28. Los verbos. Unidad 1

| | | |
|---|---|---|
| abrir (vt) | öffnen (vt) | [ˈœfnən] |
| acabar, terminar (vt) | beenden (vt) | [bəˈʔɛndən] |
| acusar (vt) | anklagen (vt) | [ˈanˌklaːgən] |
| agradecer (vt) | danken (vi) | [ˈdaŋkən] |
| almorzar (vi) | zu Mittag essen | [tsu ˈmɪtaːk ˈɛsən] |
| alquilar (~ una casa) | mieten (vt) | [ˈmiːtən] |
| | | |
| anular (vt) | abschaffen (vt) | [ˈapʃafən] |
| anunciar (vt) | ankündigen (vt) | [ˈankʏndɪgən] |
| apagar (vt) | ausschalten (vt) | [ˈaʊsʃaltən] |
| autorizar (vt) | erlauben (vt) | [ɛɐˈlaʊbən] |
| ayudar (vt) | helfen (vi) | [ˈhɛlfən] |
| | | |
| bailar (vi, vt) | tanzen (vi, vt) | [ˈtantsən] |
| beber (vi, vt) | trinken (vt) | [ˈtʀɪŋkən] |
| borrar (vt) | löschen (vt) | [ˈlœʃən] |
| bromear (vi) | Witz machen | [vɪts ˈmaxən] |
| bucear (vi) | tauchen (vi) | [ˈtaʊxən] |
| caer (vi) | fallen (vi) | [ˈfalən] |
| | | |
| cambiar (vt) | ändern (vt) | [ˈɛndɐn] |
| cantar (vi) | singen (vt) | [ˈzɪŋən] |
| cavar (vt) | graben (vt) | [ˈgʀaːbən] |
| cazar (vi, vt) | jagen (vi) | [ˈjagən] |
| cenar (vi) | zu Abend essen | [tsu ˈaːbənt ˈɛsən] |
| | | |
| cerrar (vt) | schließen (vt) | [ˈʃliːsən] |
| cesar (vt) | einstellen (vt) | [ˈaɪnʃtɛlən] |
| coger (vt) | fangen (vt) | [ˈfaŋən] |

| | | |
|---|---|---|
| comenzar (vt) | beginnen (vt) | [bə'gɪnən] |
| comer (vi, vt) | essen (vi, vt) | ['ɛsən] |
| comparar (vt) | vergleichen (vt) | [fɛɐ'glaɪçən] |
| | | |
| comprar (vt) | kaufen (vt) | ['kaufən] |
| comprender (vt) | verstehen (vt) | [fɛɐ'ʃte:ən] |
| confiar (vt) | vertrauen (vi) | [fɛɐ'tʀauən] |
| confirmar (vt) | bestätigen (vt) | [bə'ʃtɛ:tɪgən] |
| conocer (~ a alguien) | kennen (vt) | ['kɛnən] |
| | | |
| construir (vt) | bauen (vt) | ['bauən] |
| contar (una historia) | erzählen (vt) | [ɛɐ'tsɛ:lən] |
| contar (vt) (enumerar) | rechnen (vt) | ['ʀɛçnən] |
| contar con ... | auf ... zählen | [auf ... 'tsɛ:lən] |
| copiar (vt) | kopieren (vt) | [ko'pi:ʀən] |
| correr (vi) | laufen (vi) | ['laufən] |
| | | |
| costar (vt) | kosten (vt) | ['kostən] |
| crear (vt) | schaffen (vt) | ['ʃafən] |
| creer (en Dios) | glauben (vt) | ['glaubən] |
| dar (vt) | geben (vt) | ['ge:bən] |
| decidir (vt) | entscheiden (vt) | [ɛnt'ʃaɪdən] |
| | | |
| decir (vt) | sagen (vt) | ['za:gən] |
| dejar caer | fallen lassen | ['falən 'lasən] |
| depender de ... | abhängen von ... | ['ap,hɛŋən fon] |
| desaparecer (vi) | verschwinden (vi) | [fɛɐ'ʃvɪndən] |
| desayunar (vi) | frühstücken (vi) | ['fʀy:ʃtʏkən] |
| | | |
| despreciar (vt) | verachten (vt) | [fɛɐ'ʔaxtən] |
| disculpar (vt) | entschuldigen (vt) | [ɛnt'ʃʊldɪgən] |
| disculparse (vr) | sich entschuldigen | [zɪç ɛnt'ʃʊldɪgən] |
| discutir (vt) | besprechen (vt) | [bə'ʃpʀɛçən] |
| divorciarse (vr) | sich scheiden lassen | [zɪç 'ʃaɪdən 'lasən] |
| dudar (vt) | zweifeln (vi) | ['tsvaɪfəln] |

## 29. Los verbos. Unidad 2

| | | |
|---|---|---|
| encender (vt) | einschalten (vt) | ['aɪnʃaltən] |
| encontrar (hallar) | finden (vt) | ['fɪndən] |
| encontrarse (vr) | sich treffen | [zɪç 'tʀɛfən] |
| engañar (vi, vt) | täuschen (vt) | ['tɔɪʃən] |
| enviar (vt) | abschicken (vt) | ['apʃɪkən] |
| equivocarse (vr) | sich irren | [zɪç 'ɪʀən] |
| | | |
| escoger (vt) | wählen (vt) | ['vɛ:lən] |
| esconder (vt) | verstecken (vt) | [fɛɐ'ʃtɛkən] |
| escribir (vt) | schreiben (vi, vt) | ['ʃʀaɪbən] |
| esperar (aguardar) | warten (vi) | ['vaʊtən] |
| esperar (tener esperanza) | hoffen (vi) | ['hɔfən] |

| | | |
|---|---|---|
| estar ausente | **fehlen** (vi) | ['fe:lən] |
| estar cansado | **müde werden** | ['my:də 've:ɐdən] |
| estar de acuerdo | **zustimmen** (vi) | ['tsu:ˌʃtɪmən] |
| estudiar (vt) | **lernen** (vt) | ['lɛʁnən] |
| exigir (vt) | **verlangen** (vt) | [fɛɐ'laŋən] |
| existir (vi) | **existieren** (vi) | [ˌɛksɪs'ti:ʁən] |
| | | |
| explicar (vt) | **erklären** (vt) | [ɛɐ'klɛ:ʁən] |
| faltar (a las clases) | **versäumen** (vt) | [fɛɐ'zɔɪmən] |
| felicitar (vt) | **gratulieren** (vi) | [gʁatu'li:ʁən] |
| firmar (~ el contrato) | **unterschreiben** (vt) | [ˌʊntɐ'ʃʁaɪbən] |
| girar (~ a la izquierda) | **abbiegen** (vi) | ['apˌbi:gən] |
| gritar (vi) | **schreien** (vi) | ['ʃʁaɪən] |
| | | |
| guardar (conservar) | **aufbewahren** (vt) | ['aʊfbəˌva:ʁən] |
| gustar (vi) | **gefallen** (vi) | [gə'falən] |
| hablar (vi, vt) | **sprechen** (vi) | ['ʃpʁɛçən] |
| hablar con … | **sprechen mit …** | ['ʃpʁɛçən mɪt] |
| hacer (vt) | **machen** (vt) | ['maχən] |
| | | |
| hacer la limpieza | **aufräumen** (vt) | ['aʊfˌʁɔɪmən] |
| insistir (vi) | **bestehen auf** | [bə'ʃte:ən aʊf] |
| insultar (vt) | **kränken** (vt) | ['kʁɛŋkən] |
| invitar (vt) | **einladen** (vt) | ['aɪnˌla:dən] |
| ir (a pie) | **gehen** (vi) | ['ge:ən] |
| | | |
| jugar (divertirse) | **spielen** (vi, vt) | ['ʃpi:lən] |
| leer (vi, vt) | **lesen** (vi, vt) | ['le:zən] |
| llegar (vi) | **ankommen** (vi) | ['anˌkɔmən] |
| llorar (vi) | **weinen** (vi) | ['vaɪnən] |
| matar (vt) | **ermorden** (vt) | [ɛɐ'mɔʁdən] |
| mirar a … | **ansehen** (vt) | ['anze:ən] |
| | | |
| molestar (vt) | **stören** (vt) | ['ʃtø:ʁən] |
| morir (vi) | **sterben** (vi) | ['ʃtɛʁbən] |
| mostrar (vt) | **zeigen** (vt) | ['tsaɪgən] |
| nacer (vi) | **geboren sein** | [gə'bo:ʁən zaɪn] |
| nadar (vi) | **schwimmen** (vi) | ['ʃvɪmən] |
| negar (vt) | **verneinen** (vt) | [fɛɐ'naɪnən] |
| | | |
| obedecer (vi, vt) | **gehorchen** (vi) | [gə'hɔʁçən] |
| odiar (vt) | **hassen** (vt) | ['hasən] |
| oír (vt) | **hören** (vt) | ['hø:ʁən] |
| olvidar (vt) | **vergessen** (vt) | [fɛɐ'gɛsən] |
| orar (vi) | **beten** (vi) | ['be:tən] |

## 30. Los verbos. Unidad 3

| | | |
|---|---|---|
| pagar (vi, vt) | **zahlen** (vt) | ['tsa:lən] |
| participar (vi) | **teilnehmen** (vi) | ['taɪlˌne:mən] |

| pegar (golpear) | schlagen (vt) | ['ʃlaːgən] |
| pelear (vi) | sich prügeln | [zɪç 'pʀyːgəln] |
| pensar (vi, vt) | denken (vi, vt) | ['dɛŋkən] |
| perder (paraguas, etc.) | verlieren (vt) | [fɛɐ̯'liːʀən] |

| perdonar (vt) | verzeihen (vt) | [fɛɐ̯'tsaɪən] |
| pertenecer a ... | gehören (vi) | [gə'høːʀən] |
| poder (v aux) | können (v mod) | ['kœnən] |
| poder (v aux) | können (v mod) | ['kœnən] |
| preguntar (vt) | fragen (vt) | ['fʀaːgən] |
| preparar (la cena) | zubereiten (vt) | ['tsuːbəˌʀaɪtən] |

| prever (vt) | voraussehen (vt) | [fo'ʀaʊsˌzeːən] |
| probar (vt) | beweisen (vt) | [bə'vaɪzən] |
| prohibir (vt) | verbieten (vt) | [fɛɐ̯'biːtən] |
| prometer (vt) | versprechen (vt) | [fɛɐ̯'ʃpʀɛçən] |
| proponer (vt) | vorschlagen (vt) | ['foːɐ̯ʃlaːgən] |
| quebrar (vt) | brechen (vt) | ['bʀɛçən] |

| quejarse (vr) | klagen (vi) | ['klaːgən] |
| querer (amar) | lieben (vt) | ['liːbən] |
| querer (desear) | wollen (vt) | ['vɔlən] |
| recibir (vt) | bekommen (vt) | [bə'kɔmən] |
| repetir (vt) | noch einmal sagen | [nɔx 'aɪnmaːl 'zaːgən] |
| reservar (~ una mesa) | reservieren (vt) | [ʀezɛɐ̯'viːʀən] |

| responder (vi, vt) | antworten (vi) | ['antˌvɔɐ̯tən] |
| robar (vt) | stehlen (vt) | ['ʃteːlən] |
| saber (~ algo mas) | wissen (vt) | ['vɪsən] |
| salvar (vt) | retten (vt) | ['ʀɛtən] |
| secar (ropa, pelo) | trocknen (vt) | ['tʀɔknən] |

| sentarse (vr) | sich setzen | [zɪç 'zɛtsən] |
| sonreír (vi) | lächeln (vi) | ['lɛçəln] |
| tener (vt) | haben (vt) | [haːbən] |
| tener miedo | Angst haben | ['aŋst 'haːbən] |

| tener prisa | sich beeilen | [zɪç bə'ʔaɪlən] |
| tener prisa | sich beeilen | [zɪç bə'ʔaɪlən] |
| terminar (vt) | abbrechen (vi) | ['apˌbʀɛçən] |
| tirar, disparar (vi) | schießen (vi) | ['ʃiːsən] |
| tomar (vt) | nehmen (vt) | ['neːmən] |
| trabajar (vi) | arbeiten (vi) | ['aɐ̯baɪtən] |

| traducir (vt) | übersetzen (vt) | [ˌyːbɐ'zɛtsən] |
| tratar (de hacer algo) | versuchen (vt) | [fɛɐ̯'zuːxən] |
| vender (vt) | verkaufen (vt) | [fɛɐ̯'kaʊfən] |
| ver (vt) | sehen (vi, vt) | ['zeːən] |
| verificar (vt) | prüfen (vt) | ['pʀyːfən] |
| volar (pájaro, avión) | fliegen (vi) | ['fliːgən] |